엄니는 아배를

엄니는 아배를

초판 1쇄 인쇄 2011년 2월 15일
초판 1쇄 발행 2011년 2월 20일

지은이 I 황현욱
펴낸이 I 金泰奉
펴낸곳 I 도서출판 띠앗
등 록 I 제4-414호

편 집 I 박창서, 김주영, 김미란, 이혜정
마케팅 I 김영길, 김명준
홍 보 I 장승윤

주 소 I (우143-200) 서울시 광진구 구의동 243-22
전 화 I (02)454-0492(代)
팩 스 I (02)454-0493
이메일 ddiat@ddiat.co.kr
홈페이지 www.ddiat.co.kr

값 6,000원
ISBN 978-89-5854-083-0 (03810)

엄니는 아배를

황현욱 시화(詩話)집

도서출판 띠앗

시인의 말

"마음이야 따뜻하지, 입 밖에 내지를 않아서 그렇지…."

부부 금실을 얘기할 때 흔히들 하고 듣는 말이지요. 하지만 모든 게 광고 시대라 입 다문 채 마음만 그리 갖는다면 아무짝 소용이 없다는 게 요즘 사고랍니다. 그런데도 은근했던, 그러니까 마음속에 감춘 채 짐짓 몰라라 하지만 그래도 서로 간에 할 건 다하던 우리 부모님 세대가 부럽다면 동조하시겠습니까?

시인과 같은 마음이라면 재미있게 읽으시구요, 그래? 그러신다면 차근히 맛보십시오. 은근히 매료되는 부분이 틀림없이 있다고 자신 있게 말할 테니까요. 훤하게 다 드러내는 것보다는 감춘 듯 보이는 게 더 빠져들게 하는 거 아닌가 합니다만.

한창 피어나고 있어 혈기 왕성한 젊은이들은 이 글을 읽지 않았으면 합니다. 19금? 아니에요. 약간 음흉한 구석이 있는 녀석들도 있긴 하지만 음담패설을 늘어놓은 글은 아니니 염려 놓으세요.

나이가 들면서 담담히, 조금은 관조하는 눈으로 세상을 보면서 쓴 것들이라 비록 좌충우돌하겠지만 아직은 타올라야 하고 성난 파도처럼 솟구쳐야 할 젊은 이들을 서둘러 진정시키고 각을 깎아 버리지나 않을까 싶을 뿐이지요.

포효하다가 중구난방 설치다가 훗날 조금 느긋해지고 삶의 모서리가 맨질거리거든 그때 읽어 주시면 고맙겠습니다. 이왕 펼친 것 섭섭하지 않게 이런 기원을 드리지요.

〈젊음, 그 무한 가능이여〉

모두들 어설픈 때라고들 한다
그렇더라도

숨 막혀 하며 드넓은 하늘을 휘두르려 하고
산을 둘러엎겠노라 기상을 펼치려 했으면 싶고
이글거리는 태양에 눈이 멀고
환호성에 들떠서 심장마저 잃어 가더라도
아직은 가리지 않아도 되는 때이기에
세간의 무료를 엮어 내는 피에로가 되느니보단
솟구치는 정열을 안아 도사리지 않았으면 싶다

깨지고 어긋나다가 막이 오르면
너도 서둘러 네 자리를 지켜야 하겠지만

원죄가 쳐 놓은 그물 안으로 걸어들지 말고
대롱 구멍을 통한 세상을
벗어나 갈 곳을 알지 못해 방황하더라도
여태도 날아오르고자
허기진 꿈에 숨 가빠 했으면 한다

넘쳐 났어도 더 솟구치려 기승을 부리는 너를
묵은 시각들이야
사각 틀에 묶어 두려 강제하게 되겠지만
아직은 미쳐 날뛰어야겠다고
목청 높여 외치며 난장을 쳤으면 싶다

끝에선 누구나
치매환자가 되어 한 줌 재로 날려 버릴 뿐인 걸
세상이 네 목에 걸리거든 그냥 꿀꺽 삼키고 말아라

피를 흘려라
그리고 네 뜨거운 도전으로 세상을 수혈하라.

굳이 시화詩話라 타이틀을 고집했습니다. 싯조로 엮은 이야기들이랄까요?! 형식이니 음율이니를 따져 매끈하고 예쁘게 만들려 했다기보다는 투박하더라도 보이고 들리는 대로 느껴 들려 드리려 했습니다.

난해하고 복잡하게 몇 고비를 틀고 튼 시가 되지 않으려, 그저 시인 혼자만의 느낌이 되지 않으려, 그래서 심심하게 읽고 공감하는 작은 가슴떨림이라도 가질 수 있었으면 하는 게 바람이었지요.

어떤 땐 화가 나기도 했습니다.

왜 시는 삭이고 삭인 뒤에 뱉으라 하는 것인가? 좀 서툴고 모자라고 말끔하지 않으면 어때서.

호옥 그런 모자람에 피식거려야 할 거지 같은 녀석들도 있을지 모르겠습니다만 홈리스라고 막무가내만은 아닐 것이니 정승같이 읽어 주시기 바랍니다.

글을 쓰기 시작한 동기가 남다릅니다. 그림을 잘 그리지 못했던 게 빌미였으니 말입니다. 초등학교 때 과일 몇 개를 그려 오라는 정물화 숙제가 있었는데 아무리 애를 써도 되지가 않아 "노란 쟁반에 빨갛게 맛있어 보이는 사과가 놓여 있다"는 식으로 그리는 것 대신에 작문을 해 갔지요. 꾸중만 면하면 했었는데 어떻게든 해 보려 했던 게 가상타 칭찬을 받은 후로 긁적이는 버릇이 생기게 되었던 것이지요.

남하고 같아지려 또는 더 나아지려 애쓰는 것보다 있는 나를 정성스레 닦는 마음이길 바랍니다.

로스앤젤레스에서

황현욱

contents

Part 03

고향

Part 04

그리움

Part 05

꿈

Part 06

삶

Part 07

사랑

Part 01

부부

저린 마음에
가슴 시렸던 건 어쩔 수 없었지만
인고의 시간이 여엉 아픈 것만은 아니었고
기다림에 채우던 달은 외려 유혹이었던 것을

기선을 잡겠다고, 반쪽 둘이 모였으니 멋진 하나가 되어야 한다고, 나 같아라고, 나만 바라라고 밀치고 당기면서 아웅대다가 가끔은 담 너머로 큰 소리가 들리고 사네 못 사네 쌈박질도 했지요.

생각해 보면 참 이기적이지요.

내가 해주는 것은 마치 의무인 양 무겁고 귀찮고 제게는 성심을 다해 줄 것을 바라니 말입니다. 나의 사랑은 어떤 일정 수준을 지키면 된다고 생각하면서 제게는 전폭적이기를 바라니 말입니다. 존경할 줄은 모르면서 우러러 모셔지기를 바라고, 제 하는 짓은 거지발싸개도 돌아앉을 만큼 지저분하면서 아내는 항상 우아하고 품격스럽기만을 바라는 이기적도 참 심한 인간인 게지요. 이기적이라 하더라도 제 몫만은 잘 한다면 무어 그리 큰 문제이겠습니까만 오로지 일방통행만 고집하니 원.

나이 들어 가정을 이룬 거라지만 사실 결혼 햇수로야 아직 제대로 걸음조차 내딛지 못하는 때이니 그리 알아 접어주는 수밖에요.

아이를 낳고 쫓고 쫓기다가 푸르른 날들이 지나고 누가 가르쳐 준 것도 아닌데 하나가 되는 것이 아니라 서로 다른 둘을 받아들이고 인정하는 것임을 깨닫고는 부부라고 담담히 말을 하게 되더라는군요.

남편을 왜 남편이라고 부르는지 아느냐는 질문의 답은 '편들어 주는 남자'이고 여편네는 '편 가르는 여자'라서 그렇게 부른답니다. '편네'라는 말이 '편을 가르는 사람'이라는 뜻의 옛말이라 고집까지 부리면서.

결국 남자는 옳든 그르든, 싫든 좋든 제 여자 편을 들어야 하고 여자는 아내든 딸이든 어머니든 편 가르기에 급급한 자들이니 그리 알아서 행동해야 한다는 분석이었지요. 어때요? 고개가 끄덕여지나요?

부인이 어떤 사람과 심하게 다투는 것을 이모저모 따져 가며 이건 잘했고 저건 잘못했다고 재판관처럼 평결해 주었더니 여인이 하던 일같이,

"니가 내 남편이지 무슨 정의의 사도냐?"

일찍부터 심리학 박사들을 매우 존경해 오는 터이지만 이제는 여인을 연구하는 여성학자를 더 우러러야겠다 싶습니다.

해 줄 수 있는 것이 무얼까를 찾게 되고 사랑이 비워진 자리로 들었던 미움마저 떠났구나 싶었는데 무언가 끈적거리는 게 생겨 있더랍니다. 정이라는 것 말입니다.

흔히들 미운 정 고운 정 하는 것으로 시간이라는 때가 묻고 여기저기 생채기가 있는, 그래서 이제는 말이 없어도 눈빛만으로도 고일 줄을 아는 그런 사랑인 게랍니다.

그래서 부부는 참는 것부터 연습하라는데 어떻게 생각하세요?

눈을 씻고 보아도 아무것 해줄 게 없어 안타까워하는 당신을 가만히 감싸는 여보가 비로소 편 가르지 않아도 될 부부가 아닌가 합니다만….

아! 아름다운 저녁이에요

된장찌개를 맛있게 끓이겠다던 아내를 그리며
장미 한 송이를 사들고 집으로 가는 길목
붉게 물든 하늘 자락 끝으로
해어름이 수줍은 미소를 흘리며 사위어 가고
놀이터 아이들의 키들거림이
잎새 살랑대는 바람에 흩날리고 있다

잠시 서서 마음에 새겨 담아 가고 싶은데
더 예쁜 미소가 기다릴 것 같아 아쉰 발 내딛다가
방싯대는 아카시아의 유혹에 끝내 잡히고 만다

가슴 가득 맑은 수채화로 채워 드는 푸근함이어라

이 행복을 가족과 나누리라 어느새 마음이 바쁜데
아! 아름다운 저녁이에요
아내가 저 먼저 알고 여배우 숭내를 내며 나왔다

결별

눈살을 세우는 참견이 아리도록 싸울 때까지는
아직 가슴 안에 마주치는 시린 기다림이 있고
나부랭이 정이나마 남아 있는 게라더니

언젠가부터 미련을 놓아 버리고
소 닭 보듯 하는 사이는 진작에 남도 못 되었다

그럴 양이면 차라리 갈라지는 게 낫잖겠냐
미운 그리움이라도 안아 보자 하였더니
이 아픔은 무엇인가? 원대로 갈라섰는데

돌아누우면 남이라는데
뒤척이다 뒤척이다가 다시 돌아누우면 뭐가 될까
우리?

홀아비 잠자리 뭐 볼 게 있겠다고
밤 깊도록 힐끔거리던 달이 쌩뚱맞게 묻는다
지겹다던 쌈박질이 귓전을 일렁여 잠들지 못하냐고

결혼 3년차

제 짝이 천하제일이라 막무가내 설치더니
삼 년이 채 지나지 않아
못난 점만 눈에 든다 득드걸 속 화를 끓인다
콩깍지에 쓰이고 귀신에 홀렸댔나봐

찌르고 찔리다가 끝장엔
이해한다면서 품어 들이겠다지만
바람만 가득한 가슴은 다툼을 그치지 못한다
꽃을 찾아왔단다 꽃을 찾아

저는 내키는 대로 하려면서
이녘 더러는 혀처럼 굴라고 한다
바람과 고집이 손가락 끝에서 난장을 쳐 대고
떡 하나 주면 안 잡아먹지

그렇게 자랐다 드러내길 미적거리지만
속내야 타오르는 불꽃이라고
그러기에 그나마 붙여 주는 게라고
때론 눈흘김이 야릇해지기도

여우야 여우야, 뭐하니?!

때깔은 고운데 뭔가 모자라더니
아이를 품고서야 그림이 된다
여우, 토끼, 늑대, 강아지
사흘거리 으르렁대더니 이젠 낑낑대기 바쁘다

아낙 고전古典

몇 올 남은 머리를 공들여 빗을 땐
추하지 않게 늙으려나 보다 대견한 장부였고
간간이 차림새가 부시시하다 눈살을 찌푸릴 때엔
여태 예쁘게 보아 주는 정에 눈물조차 어렸었다

몸내음을 걱정하고
평생 않던 매무새에 신경을 모을 때에도
낌새를 느끼고 마음이 쓰였지만
그저 연기가 조금 배어나는 것이기에
중늙은이 회춘질이겠거니
문풍지 바람처럼 잠시 일다 말겠지 대수롭잖더니

당황해 하는 거짓이 생겨나고 외박이 잦아지면서
일순간에 바람은 강풍이 되고
온갖 것을 삼킬 듯 낼름대는 불길이 치솟을 때에야
맞바람을 칠까, 맞불을 놓을까 허둥대어 보았지만
바람은 온 집안을 흔들고 걷잡을 수 없었다

뚫어져라 바가지를 긁어 대고
손톱 세워 할퀴며 넥타이를 나꿔 보다가
울음으로 호소하다
고래고래 으름장을 놓아 보다가

깨 버릴까, 아이들이 걸리고
철들기 기다릴까, 기막히는 하 세월이고
모른 척 참고 지낼까, 존심이 상하고
꺼진 듯 다시 일고 삭는 듯 솟아나서
앙가슴에 속내는 숯검정으로 타들어 가는데

하여도 돌아들면
잘못했다, 너만을 사랑한다 손발 빌며 안는 통에
하얗게 눈 흘기지만 잠자리를 펼쳐 깔고
밥상에 찬을 늘리고 셔츠를 다려 대며
잠자리 날개 속옷으로 갖은 아양을 떨어 보는
아, 빤한 속임수에 빠져드는 하릴없던 여인이여!
너그러운 겐가? 어리석은 겐가?

해로

숨소리 하나
머리털 한 올로부터도 심기를 헤아리는 두 사람

어느 날이었나, 이른 잠자리에서 깨어나
당신의 온 가슴이 내게 잠겨 있는 것을 보던 때가
맑은 정이 눈에 이슬을 맺고 있었지

함께해 온 시간과 걸음에
푸르렀던 정염을 떨려 보낸 뒤에서야
두 몸이 한마음을 품는 것을 깨닫고
눈 흘김이 정으로 아로이 수놓이는 때부터
부부는 짝이 되고 있었나 보다

살얼음 깨어져 허우적대고
헤아릴 수 없을 만큼 물 칼질을 해대도
그것으로 가슴에 사랑이라 새기고 있었던 것을

바래 가는 색깔에 마음 쓰이고
패이는 주름 쓸며 까사락한 손 잡아 주는 것으로

없는 듯 정은 짙게 채워지고 있었던 것을

당신의 가슴을 품고, 임자의 품을 안고
부부는 탑을 돌고 있다
너를 위해 무엇이든 되어 주고자

시간 다하고 탑돌이는 마쳐 가지만
부부는 여태도
서로의 가슴을 채우려 들었으면 싶다
채우려 든다, 끝없이

체취

파리한 안색으로
머리를 풀어 헤친 여인이 사라져 간 뒤
가쁜 연기를 내뱉어도
사내는 저린 속앓이를 가리우지 못했다

파뿌리 연분 끝내
소박난 팔자 드센 년을 생산하고
지은 죄 없노라
밤새 고갯짓 저으며 손뼉을 쳐 대더니
어느 손바닥에서도 소리 만들지 않았다는데
홰치는 새벽닭 소리를 삼켜 버렸다

지옥사자 되어 꿈자리를 해칠까
목숨 끈 놓아 남정네 잡아먹은 구미호를 만들까
몰아치며 담쌓고 독 뱉더니

비바람 지나간 삭정이 자리로 돋아난 새순에
비로소
제 못난 얼굴을 비춰 보고

망할 것, 갔거든 냄새나 풍기지 말든지
손가락으로 목구멍을 쑤셔 욕지기를 해보지만
집안 구석구석 뿌려 놓은 암내가
암세포처럼 들러붙어 앓는 속을 뒤집어 놓을 뿐
습기 찬 눈알만 충혈시키고 있다

말라비틀어진 송판때기 한 짝
미련이 함잽이라도 부를까 눌러 틀잡아 본다지만
존심에, '그나마 부서질라' 속내를 감추고

온기라도 묻혀 전해 올까
편지해라 왕래해라 애꿎은 자식들을 득달했더니
슬금 제 어미께 다녀온 듯한 딸년은
너무 진한 향수를 뿌리고 다니는 것이었다

감기 걸린 날

약을 먹었는데 기침은 잦아들지 않고
약에 놀란 속이 덩달아 부글거린다

잠자리에 들려니 기침은 더 성화를 부리고
옮기면 어쩌나
아내 옆에 누운 게 마음이 쓰인다
그래도 곁 비우지 말라 잡는 손이 따뜻하다

아내 발치에 머리를 두고 엇누우니
한결 마음이 놓인다
69체위라 야릇해지네
여인이 잠꼬대처럼 위로를 흘렸다
막 잠에 드나 싶더니, 뿌웅
부글거리던 속이 터져 버리고
정상체위가 무난할 것 같네요
졸리는 손이 밉잖게 코를 잡아당겼다

이러나저러나 환자는 더 생길 것 같고
체위실험이나 해볼까나

엄처시하嚴妻侍下

왜 이래? 니가 뭔데, 내 일에 심지를 돋워?
거치적거려, 딴지가 걸려, 되는 건 없이 짜증만 이니

가장이라는 이름을 달고 멋대로 하고
꼴사나운 짓거릴랑 눈감아 버리고 마음대로 하고 싶어

왜, 부인이 모자라는 제 남편 돌보는 게 잘못이냐?
갈수록 매서워지고 머리 꼭대기에 앉으려니

변신로봇을 앞세워 힘자랑을 하고 싶고
도깨비방망이를 휘두르며 거침없고 싶었는데

필요 없어
로봇도, 램프도, 방망이도 아무짝 소용없으니
저 마누라만 펑! 인형으로 바꿔 준다면

죽부인이나 끼고 산다면 만사 땡이겠는데
그것도 허락받기가 쉽지 않을걸

울 엄니 울 아배

울 아밴 엄니를 김치라 부른다

있어야 밋밋하니 한두 저 그만인데
없으면 허전해지는 밥상의 김치 같다
울 아밴 엄니를 김치라 부른다

철 지나 울 엄니
묵은 김장김치같이 군덕내 나고 시어 빠져도
그때도 울 아배
엄니만 좋아할 게란다

그래도 울 엄니 내내 열무김치 같아라
사각사각 풋내 풍기면 울 아배 가슴 들뜨게

* * * * *

엄니는 큰 아들 아배를 키운다

있는 둥 없는 둥 깎아 놓은 목상이다가
한다는 짓이라고 밉상뿐이라 흘기면서
엄니는 아배를 큰 아들이라 부른다

어느새 울 아배
나온 배에 등 굽고 서리 맞은 오뚝이 되는데도
그래도 울 어매
아배가 좋아 죽을라 한다

하지만 어엄니, 큰 아들은 가당찮소
때도 없이 허리 감싸대는 낭군님더러

철부지

머리 염색을 하고 원색 티셔츠를 즐겨 입는 그이가
부쩍 싸움닭이 되어 가고 있다
씨부럴, 내가 어딜 봐서 할배 같으냐구?

할배를 할배라 못 부를까 지레 걱정하던 손자 녀석
헤이, 미스터 황
달음질치는 녀석을 쫓으며
워쌉, 손자?

들어 보이려 건들거리는 아이나
안 들어 보이려 바둥대는 할배나
내 눈엔 다 도찐개찐인데, 말이나 제대로 쓰지
하마나 철들까?!

편

왜냐고 묻지 않아도 좋았다
그저 말없는 헛기침으로 답했다고들

너무 아름다운데 나타냄이 아쉬운
민망한 가슴인데 알릴 줄 모르는
마음은 언제나 빤하다는데
그런 반편이라 모자라는 것일 뿐

쓰기만 했다 싶었더니 단 때가 훨씬 많았던 걸
문득 곁든 가슴을 다독여 보지만
생뚱맞은 눈길에 싱거워진 손을 거둔다

없는 듯 있어 주는 걸 좋다고 하니
참 못났다 싶은데
그게 편드는 거라며 히죽거린다
그러게 지금껏 함께하나 보다

행복

조금 이른 새벽에 잠이 깨어
아직은 꿈길을 노니는 아내를 보고 있다

모로 구부린 채 자고 있는 아낙의 꿈에서
여태 수줍은 표정이 뜨이더니
주름지는 얼굴을 쓸며 돋는 흰머리를 만져 본다

여자 팔자 뒤웅박 팔자라던가?
어쩌다 나 같은 사람에게 굴러 와서는

새삼스레 미안한 마음이 든다
고맙고 사랑스러워진다

왜? 몇 신데? 뭐 잘못된 거야?
화들짝 놀라 깨는 아내는
밤새 어떻게 참았을까 싶을 만큼 말을 쏟아 부었다

곰탱이처럼 헤 벌리고 자지만 아직은 예쁜데

그미를 깨운 손을 탓하지만
사내는 계면쩍은 장난말로 얼버무리고
밉잖은 눈 흘김을 보내며 돌아눕는 어깨를 보듬었다

해오름이 있을 시간인데
이 아침엔 빗소리가 창을 흔들고

늦깎이 철부지 남편
주변머리 빠지는 이제야 행복이란 걸 안다

아내가 고추 화분을 사 왔다

웬 하늘고추 화분인데?
하늘을 우러러 한 점 부끄럼 없으라고
이젠 부끄런 짓 할래도 힘이 없다
그라믄 빳빳이 서는 거라도 배우든가
그래도 너무 작은 거 아니가?
여태 뭘 모르는구만…

모자람의 여유

아쉬움이 애타는 것만은 아니다

닿지 못하니 꿈을 우롱하는 게라지만
곁에 두고 아파해 하는 것보다 낫잖은가?

나만을 더 사랑하라 다투느니
먼발치라 마음 쓰이는 게 애틋지 않은가?

저린 마음에
가슴 시렸던 건 어쩔 수 없었지만
인고의 시간이 여엉 아픈 것만은 아니었고
기다림에 채우던 달은 외려 유혹이었던 것을

많아라 탐욕만 말고 부족하더라도 정을 안기자
하지만 당장에 아쉽다 꿈을 잃지는 말자

부부 연

에덴동산이 가슴을 내밀어 유혹을 안기던 날
창틀을 비적거리며 햇살 아래 나앉았더니
무화과의 바람에 휩싸인 여인은 고양이가 되었고

낙원에서 쫓겨난 반쪽을 찾아 헤매던 수컷들은
씨 내릴 명당을 가늠치 못해
아무 곳이고 킁킁거리다가
남정네라 불리우는 원죄를 덮어쓰게 되었다는데

두 몸을 한 마음으로 섞자 초야를 밝혀 보았지만
여인은 따사롭던 창의 온기를 잊을 수가 없고
천방지축 날뛰던 남정은 길들여지지 않으려기에

곰과 천자였어야 할 부부는
태초부터 종자와 밭으로 갈렸던 탓이었을까?
성을 뒤집고 생명을 찍어 내대다가
수캐와 고양이로 앙숙된 패설이 되어 버리고

칼로 물 베기란 말을 곱씹고도
쌈박질을 끊어내지 못하는 것은
강에 구슬 목걸이를 빠뜨렸다는 전설 까닭이라 하고
물고 빨아 봤자 계륵 같은 새끼라면서
그들을 엮는 애틋한 보물이라 고집한다

Part 02

기도

고요히 풍요 속을 거닐 수 있는
겉치레를 벗어 버리고 앙상한 속내를 덜어낸 채
파아란 하늘을 닮으라는
나무는 언제나 제 몸을 다 내어주며 나를 쉬라 한다

나이를 실감하게 하는 것은 제 주장이 강해지고 고집이 만만치 않아지는 것인가 합니다.

이제 더 이상 만들지 못할까 두려움이 드는 것인지 너무 없는 까닭인지 값을 떠나 가진 것에, 지닌 것들에 너무 많은 집착을 하고 있습니다.

친구나 주변을 어떻게 가치를 매기겠습니까만 값이 솟고 있습니다.

이제 더 새로이 생기지는 않을 것 같고 하나 둘 없어질 시간은 다가들고 있으니 깨졌든 모났든 한 톨이 아쉬운데 '그런 친구는 버려라'는 잔소리가 너무 안타깝습니다.

자기만 바라라는 여인도, 밉지만 버리지 못할 보물이니.

구름 잡는 허황된 꿈일랑 이제 잊고 주어지는 것에 감사하며 살잡니다.

남의 눈에 그리 비치게 한 것은 순전히 자책인 것이지만 당사자야 청운의 꿈일진대 그 꿈을 잊고 그저 일상에 충실하라 절망을 강요합니다.

나이 드는 대로 욕을 접으라는 충언의 모순은, 이해되지 않지만 기실 절대 맞는 말이라서 그것을 사치라고 부르기를 주저하지 않는다는 것이겠지만 그리 남고 싶은 것이 모자라는 탓이라 치부되더라도 셈 없이 멍하니 고개 끄덕여야 하는 게 시간의 흐름인가 봅니다.

바보가 따로 없습니다.

움켜쥔 채 놓지 못하는, 그들이 아무짝 쓸모없는 것이라는, 가난뱅이 바보입니다.

게다가 아직 꿈을 접지 못하는 미련둥이라면, 하지만 이제야 사랑을 깨우치는 나인데 아무도 이 고집을 접으라 하지 않았으면 싶고 치기라도 좋으니 오히려 죽을 때까지 놓치지 않게 손아귀에 힘을 더하고 싶습니다.

그도 노욕이라면 무어 더 말을 말아야겠지만요.

기대어 쉴 곳

사노라 숨이 가쁘면 나무에 기대련다

어머니 손길같이 햇살이 언 뺨을 쓰다듬는 때에
파랑 이파리 솟는 것을 물끄러미 보게

푸른 그늘 아래 아픈 다리를 뻗어 기대면
잔잔한 바람 속으로 잠들 수 있는

축복처럼 쏟아지는 낙엽에 묻혀
고요히 풍요 속을 거닐 수 있는

겉치레를 벗어 버리고 앙상한 속내를 덜어낸 채
파아란 하늘을 닮으라는

나무는 언제나 제 몸을 다 내어주며 나를 쉬라 한다

나 또한 저 나무같이 되고저

리오 비스타 초등학교 단풍

리오 비스타 초등학교 돌배나무에 단풍이 들고 있다

빨갛고 노란 웃음을 뿌리는 잎새들이
서로들 뎅그르 크리스털 부딪히는 소리를 내며
운동장을 굴러다니고 있다

강종대는 데이빗 발치를 간질여 보고
수다 떠는 제니의 뺨을 쓰다듬으며
함께 어울려 보렸지만
아이들은 아직 낙엽 동무가 낯설고

산책 나온 강아지가 반가워
멋스레 나풀대며 춤을 추어 보이는데
짓궂은 바람이 저만큼 떠밀어 버린다

마중하러 온 할머니가
연홍빛 잎새 하나를 주워 드는 곁으로 또
한 떼의 어린 친구들이 까르르 흩날리고
말간 햇살 아래
교정은 무지갯빛 꽃밭이 되고 있다

맨날 된장뿐이네

된장 뚝배기만 댕그랗던 밥상
가릴 게 없어 아이는 오히려 신이 났었다

돌아보면 참 맛났는데
빈 상에 엄니는 여태 당신을 탓하시고
철없이 떠안기는 자식이었다

지금사 그때만큼 애탔을까 고백하는
엄니는 아직도 밥상머리를 지키신다

명태(퇴)와 북어

말라 비틀렸다고
북어라 불리운다고 명태가 아닐까!

북풍한설 거쳐 나와
폭주 뒤 속풀이에 그만한 게 없고
사업대박 초병으로 설주 높이 걸리더니
동네 처녀 낚아채 간 벌매 또한 제격이라

너 나 가리지 않고 새끼치기 거치적하여
멀잖아 북어만 많아지고 명태는 준다는데
그제 누가 아랴?
모자라는 일손에 손이 발될는지

거북한 북어라 거부하여 퇴치지 말고
허구한 쓰임 속 짚어
명태의 한통속으로 진즉에 품으심이
어떨까 하오만

병원 옆 우체통

병원을 등대고 부숴진 우체통이 서 있다

병실 창에 입김을 내고 섰던 환자는
사자의 온기 없는 손짓을 외면하려 들고

시간이 아쉬운 것인지
길목 벤치에서 바쁜 책장을 넘기던 그는
언제 걸음 떼야 할지 종잡을 수가 없었다

짧은 그림자를 단 전봇대가 외등을 애무하는 때까지

우체통은 빈 가슴을 앓고
그의 추파에 환자는 혼을 놓았던 것이었을까?

언제쯤이었나
이별을 달아맨 조등이 켜지고
구천의 한 되지 않게 전해야 한다기에

반잡을 수 없는
우체통은 차라리 벼락을 껴안았다는데

여즉 떨어지지 않은 잎새 하나가
부숴진 우체통에 그늘을 드리우고 있다

빛 바라기

나뭇가지에 빛이 걸려 있어
아름답다, 빈 마음이었던가
속이 꽉 찬 사람들은
영롱함보다 잉태되는 고통을 얘기하려 한다
아름답다
또 아파하는 자가 있다
가지가 많아지면 빛은 더 부스러지는 것일까?
하얗게 가려진 장막 뒤에서
쪼개고 깨어지면서
마음은 빛의 틈을 밀어 들며 기도가 되었더니
감은 눈에는 오히려
홍청대려는 제 멋이 어설픈 믿음 자락으로 수선할 뿐
창조주도 살피지 못한 원죄만 가중시키는 것이기에
훌 털어 버렸다
이제 가슴에 걸린 빛은 바람을 유혹하고
가지를 흔들어 대던 기억에 물끄러미 멈춰 섰다
동녘으로
그새 꿈이 하얗게 영글고 있는데

사랑도 맘대로 못하나?!

세상에서 젤 좋은 게 뭔지 아나, 니는?
사랑 아이가?

함께 슬픔을 나누고 웃음을 섞는
지보다 먼저 니 맘 편케 해 줄라는 거라는데, 맞나?

그래, 하지만 바라지 않고 힘들지 않아도
그런 게 사랑이라면 난 싫다, 아직은
품는다는 게 그리 쉽나? 안 그런 척하는 거뿐이지

와? 틀렸나?
모두들 사랑한다는데 여가 곧 천상이라는데
옆집 아는 아직 곱다는데
우린 여태 힘든 비명만 지르고 있지 않나?

아니다, 아직 내가 마음을 못 비운 거 같다

상팔자

남루한 행색으로 구걸을 하던 거지
손가락질하고 가련해 하지만
곁 없는 것 말고는 늘어진 팔자라고들

동네 질 떨어질까 염려하여 $10를 주며 떠나라는데
목 좋은 곳을 넘길 까닭은 애당초 없었고
복권을 사더니 더럭 당첨이 되어 버렸겠다

갑자기 주변이 들끓고 천상호사가 안 부럽다더니
전에 없던 골칫거리가 돈만큼이나 많아지고
하나님, 제게 왜 이런 형벌을…?
침 퉤퉤 뱉고 재수 없다며 그곳을 등졌는데

좋은 목에 굴러 든 새 거지, 신께 소원을 빌고 빈다
묻혀 죽어도 좋응께 돈벼락만 맞게 해주소

송구영신送舊迎新

세모를 아쉬워하는 것은
함께하던 시간들과 헤어져야 하는 까닭이겠지요
트여 올 새해에 들뜨는 것은
펼쳐질 기대에 벅찬 가슴 때문일 게지요

안타까움이었든 뿌듯함이었든
지난 시간의 수고가
내일을 기리게 하는 것이라면

소중하게 기억해야 할 보냄입니다
겸허히 보듬어야 할 새 맞이입니다

삶도, 정도, 바람도
이 같아서
때마다 날 벼른 기원을 새기나 봅니다

주당 위로

술의 혼령은 자유스러워야 한다
맞는 말이라 고집하지만 억지이고 고집일 뿐 실은
독감 되는 것보다 더욱 구속되는 것임을

사고의 사지를 잘리고 체신적 품위를 박탈당한 채
숨기고 굶주려 왔던 끼가 발산되는 것이고
예기치 않은 순간을 빌려 내뱉어진 저항인 것을

기억나지 않는다, 몰랐다 말짱히 시침 떼려지만
정녕 그 안에 너는 있었고 진즉에
그네들은 네가 앉을 자리를
비워줄 마음부터가 없었다는 것을

주酒와 주(신神)가 다르지 않다 고집하여
침잠되는 혼미에 자유롭다 느끼려는 때이고
치기에 감히 신의 주변을 어슬렁대려는
허접한 걸음뿐인 것을

분망한 영혼을 위로하려 일탈을 꿈꾸는 것이라지만
네 속은 외려 더욱 가면으로 가리워져 가는 것을

밀쳐내어 벗어나야 한다
당연하여 매일같이 작심하지만 허언의 연속일 뿐
기실
자청하여 빠져드는 구속인 것을

차라리 네 실존이나 자유롭게 하려마

철딱서니

뜨락 복숭아나무가 겨울 한가운데서
때 아니게 꽃을 피우고 있다
어린 나무의 철없음인지
때를 헤아리지 못하는 겨울 탓인지…

고개 너머 안개 속이 너무 궁금해
글 바랑 풀어내며 일손을 놓았다
나이가 몇인데 여태 꿈 타령이냐? 철이 없어도…

흘려 내는 향긋한 꽃내에
지겟바리 넘쳐나는 과실을 꿈꾸고 있다
세상물정 모르는 철부지인지
여태 주체치 못하는 열정이 남은 탓인지…

헝클리는 상념에 뒤 마려운 강아지처럼 맴도는데
친구가 책을 보내왔다
때 맞지 않은 이르름인지
호랑이 제 말하며 나타난 겐지…

한겨울 복숭아꽃을 신기해하고
옷장 밑 뒤져 낸 몇 닢 동전을 딸랑대며
선물 받은 책에 부요하는
여즉 철없는 나이를 먹고 있지만

그런 혼돈에 머무르고 싶다
철없이 사는 게 좋을 것 같다, 정말로

떠나 보면 알거야

내생의 천상을 기려 기도로 품으라기에
꿈꾸는 거야 아니 될 게 있을 것이며
뭣인들 못할까마는
여태 만나지 못한 내일일 뿐이라
오늘에 편하겠노라 고집했더니
떠날 시간 앞서 걸음 떼지 못하는
이 안절부절은 왠가?
난장질 친 삶이라
맞닥뜨린 죽음이 두려운 겐가?

그게 아닐세 그런 게 아니야
신음 뱉고 탓만 했을망정
속으론 온갖 정 다 눌었기에
저승길에 어떠했더냐면 뭐랄까
혹여 올 내일을 기려 참느라 숨찼다 할까
어지러워도 옳은 이 더 많아
여즉 세상이 지탱되는 것이라 할까
속 태우는 것일 뿐

그곳이라 별다를까, 해왔듯이 맞으면 될 것을
그만 훠얼 훨 떠나게나
훗날 뒤따를 이 아쉬움에 가슴 후비거든
그때 어땠노라
기억 이는 대로 메아리나 전해 주든지

바람은

드넓은 초원인데
파란 기대로 짐작해 보는 시간을 이어 가며
목동은 살아갔으면 싶다
세상에서는 쉼 없이 거울을 닦아 내고 있다지만
비치는 눈부신 햇살이 목동에게는 낯설고
가슴을 비워 낸 채 숲 그늘에 들어
정작 베짱이의 바람에 홀리고만 싶다
이런들 어떠하고 저런들 어떠하리
그늘을 깔고 누워 삘릴리 한껏 불더니
양 한 마리 끌어안고 목동은 잠이 든다
또 초원 너머 세상을 꿈꾸려나?
가 보았자
붙잡아 빠져들 기억 거리 하나 만나지 못하였는데
깊은 숨을 몰아쉬고 또 몸단장을 한다
내일에 행여 맞닥뜨릴지 모를 기다림을 맞으러
아무 쓸모없을 거울은 언제나 목동을 잡아 두려 한다
비추는 햇살이 너무 눈부시지 않아
목동의 거울에 파란 기대를 가리지 않는다면
초원에는 양떼도 베짱이도 기다림이 될 것 같다

그저 살자는 것일 뿐

배가 고프거나 안기고 싶었을 때 엄니에겐
칭얼대면 되었고 덥석 뛰어들면 되었더랬습니다

미소가 아른거려 어쩌지 못할 때 그미는
반기지 않아도 먼발치에서나마 지킬 수 있었고
일렁이는 그림자라도 새길 수 있었습니다

욕을 버리고 마음을 비우라
내일에 열반이요, 천국이 저희 것이리라
삶에 지쳐 믿음을 가졌는데

여태 저는 뛰어들 품을 찾지 못하고
아린 속을 토닥여 주는 손을 만나지 못했습니다

때 이르지 않았고 기도가 모자란 탓이라지만
속인의 가슴은
내일의 천복보다는 당장의 곁이 아쉽습니다

Part 03

고향

댓고개 너머로 숨 가쁘던 기차에 꿈을 싣고
뾰르뾰롱 들려주던 종다리 느래를 들으며
구름 따라 어우러져 날 저무는 줄 모르던
내 어릴 적 놀이터, 고향 뒷거랑을 그리고 싶다

서녘 하늘로 노을이 불붙듯 타오르고 산새 떼가 깃을 찾아 날아들 때면 온 마을은 저녁 짓는 연기로 안개같이 덮혔더랬습니다.

집집이 아궁이에는 매캐한 연기 속으로 장작불이 활활 타오르고 사랑채에 이어진 외양간엔 아배가 소죽을 퍼주고 뿌옇게 피어오르는 김 사이로 누렁이가 뜨거운 콧김을 뿜고 있었습니다.

추위는 아랑곳없이 개울 따라 논 따라 썰매를 탔던 아이가 그때서야 온몸이 검둥개가 되어 집으로 돌아왔습니다.

까막손 니손 두껍손에 씻을 손 까마귀가 할배요 하겠네
까막발 니발 거랑발에 씻을 발 까마귀가 할배요 하겠어
까막목 니목 먹물에도 씻길 목 까마귀야 니 할배 여 있네

저녁상 차림에 바쁜 마음속에도 엄니는 정성 들여 깨끗이 씻어줍니다.

붕어빵이 따로 없네. 아이구 내 새끼.

엉덩이에서 푸석 먼지가 일었더랬습니다.

어메, 감자 몇 개 묻었나?

아궁이 옆에 붙어 앉아 언 몸을 녹이며 아이는 제 주전부리부터 챙깁니다.

사랑채에서 헛기침 소리가 나고 놋재떨이에 곰방대 두드리는 소리가 나면 며느리는 마음이 바빠집니다. 할배가 시장기를 느낀다는 신호가 오고 있으니까요.

김이 무럭무럭 나는 감자 몇 알을 얻어서는 아이는 할배 방으로 달음질치고

아버님, 저녁 다 됐어요. 우선 감자 드시고 계세요.

며느리의 죄송함이 뒤를 따랐습니다.

어수선하게 저녁상이 물리면 엄니는 다시 설거지 일이 바쁘고 짚 몇 단을 깔고 앉아 아배는 새끼를 꼬았습니다.

닭들은 다 챙겼어요?

앞치마에 손을 닦으며 핑갯거리로 아배에게 다가서서는 은근히 누룽지를 입에 물리던 엄니였더랬습니다.

아이가 자리끼 물을 챙기고 아랫목에서 화롯불을 도투시던 할배는 봉창으로 마을 가득 깔린 어둠을 내다보셨더랬습니다. 그새 무어 그리 궁금하셨던지.

달이 뜨고 밤이 이슥해지면 누나 형들의 밤마실이 바빴더랬습니다. 따라가려는 동생을 왜 그리 한사코 못 오게 했을까 파식거려집니다.

사랑방 아궁이에 말라 비틀린 밤송이가 여태 바직대며 타고 있었고 여기저기 남아 있는 눈에 하얗게 반사되던 고향 겨울은 그렇게 잦아들고 있었더랬습니다.

꿈속에 고향을 만나면 좋겠다

참새들의 조잘거림이 간지러워 깨어나는 아침
굴뚝마다 연기를 안개처럼 피워 내고
엄니 조반 짓는 달가락거림을 흩들으며
밤새 참은 오줌줄기 겉 얼은 두엄을 녹이는 돌담 너머
옆집 새 아지매가 인 물항아리와 하얀 팔목이
햇살 아래 차갑게 곱던
고향은 수채화처럼 간직되어 있다

소나기 지나는 큰집 툇마루에서
복숭아 서리 소근거림에
악동들 시덕거림이 여태도록 알싸한 곳
홍매타령 을큰히 장 갔다 오는 동네 아저씨를
거랑발에 숨어 놀래키던 개구쟁이가 자라던 곳,
앞산 논에서 품앗이 부르는 춘보 아제 소리에
징검다리 건너 과수원집 워리가 내달음을 놓고
뙤기밭 자락에서 보릿대 세우던 덕구네 할매가
등허리를 추스리며 반가워하시던 곳
고향은 낡은 무성영화처럼 나를 변사로 유혹한다

뒷거랑 들판에서 소 뜯기던 아이들
풀섶 산딸기 따며 물놀이에 여념 없다가
콩 서리로 채운 배를 두드리며
댓고개 너머로 숨 가쁘던 기차에 꿈을 싣고
뺘르뺘롱 들려주던 종다리 노래를 들으며
구름 따라 어우러져 날 저무는 줄 모르던
내 어릴 적 놀이터, 고향 뒷거랑을 그리고 싶다

들일 가신 어른들로 텅 빈 집안 호령타가
훌짝거린 농주로
툇마루 흥건히 적셨던 오줌싸개를 키운
장마 진 개울에 노랑 고무신짝을 떠내리고는
물길 따라 십 리 장터를 오르내렸던
무지렁이 촌놈이 자란
쑥대불 멍석에서 옛날얘기 밤 지새 듣다가
초가지붕에 흐드러진 박꽃이 무서워
할매 품을 싸안고
비비대는 옥수수 잎새 소리에 잠들던
응석받이 손주가 자란
내 어릴 적 고향을 만나고 싶다

씨 옥시기

저 봄에
텃밭 둘러 한 됫박 씨를 심고는

만석꾼 될 게라 떵떵대며 하늘 끝으로 뻗대고
작은 바람마저 간섭하여 기고만장 하더니

눈 깜짝할 새
까만 수염 말라 비틀리고

비바람에 넘어진 놈 일으키고
뙤약볕에 배배 주저앉는 놈 부추기느라
숨 들이키고 울음 삭이는 새
비틀린 수염마저 거반을 잃고

추수라고 한 품앗이나 거둬 보니
그나마 변변한 속이 없어
서너 톨 씨앗감이나 건질는지

아그야, 어줍잖을망정
볕바르고 바람 잘 드는 툇마루 기둥에 달아 두어라
귀한 것잉께

남도 기생

그 해 이월
남도 물길 끝자락에
삼신할미 여느 꿈 따라
가시나이 하나 점지하셨더니

별 닮고 달을 품으며
봉긋 가슴으로 따사론 햇살이 안기더니
어느 때 되어
고웁게도 피었구나

꽃술 영글면 너보다 아릿다울까?
이슬 맺힌데야 네 눈같이 영롱할까?

향이야 어디랴 다르려만
손길 씀씀이 나누어 마음은 천리를 닿고
깊은 속내 명경같이 세상을 밝히려니
부르노라
청해의 꽃이여!

바람 있어
좋은 집 안에 술 익고
정자에 양지 밝거든
꽃 띄워 어르신네 고이고파

겉만으로도 넘치게 화사한데
마음까지 향기로우니
천지신명이여 들을지라
뜻대로 이루소서

여우비

과수원 배꽃이 마을길을 온통 꽃수 놓던 날
따사로운 햇볕을 가르며
웃음이 해맑던 순이가 시집을 갔다

가마 떠난 길로 여즉 꽃자욱이 선명한데
언덕배기 올라앉아 무단히 뜯어대던 들풀
빈 하늘가로 머뭇대다 잃어버린 시선

짜한 햇살 아래
얼핏거리며 비 뿌리고
이런 날엔 뒷산 여우 시집간다던데

'여우 같은 기집애'
가슴으로 고여 드는 애잔한 아림

하여도 고이는 마음이사
두 손 모아 간구하는 하늘 같은 행복

태몽胎夢

텃밭 밤나무에 눈꽃이 환하던 밤
툇마루에 별똥별 보며 누웠더니 큰애를 주신 것을,
까치 떼가 시끄럽게 울어 대고
안개가 자욱이 깔리는 복숭아밭을 헤매는데
앞개울에 큰 옥돌 하나가 어찌나 영롱하던지
치마폭에 감쌌더니
거대한 코끼리가 대문을 부수며 들어섰었지

설한에 조상님 모시느라 얼은 몸 녹이러
자리에 들었다가 작은애를 만난 것을,
불가마 속에서도 신열을 앓았다는 도공이
날카로운 부리에 매서운 독수리가 되어
창에 앉아 한참이나 뚫어져라 보더니
화라락 에미에게 날아들었지
뒤로 햇빛이 눈이 부시게 밝았단다

태몽 얘기는
자식에의 바람 함께 가없이 이어지고
엄니 팔베개에 안긴 강생이는
진즉에 잠이 들었다

산촌山村 사계四季

채마밭 나리꽃이 봉긋 내민 망울로
철 이른 잎새를 유혹하고
떠꺼머리 일렁이는 눈빛 속으로
새악시 속내가 발그라니 물드는데
나비가 아지랑이 어울려 삽작문을 날아들고
돌개울 속삭임이 살랑대는 버들가지 끝에 머뭇댄다

언덕배기 풀섶에
감붉은 산딸기 향기가 수줍은데
산그늘 피해 앉은 논두렁으로
물꼬 트는 농부가 한가하고
껑충대는 개구리 앞으로
파르르 메뚜기가 날아오르는 들녘
소 뜯기던 아이들 감자 서리가 즐겁다

산새 떼 노을녘으로 깃들어 날 때
초가 위 둥근 박은 으스스한 전설로
속없는 허수아비를 희롱하고

가을걷이 새참밥이 젖 불은 아낙 같아 넉넉한데
돌담에 알밤 떨는 소리에 누렁이가 두 귀를 세운다

대추나무에 눈꽃 피어 쉼터 잃은 까치가
안마당을 날아들고
앞산 논에 썰매 타는 아이들 키들거림이
예까지 들리는데
화로엔 뚝배기 된장이 끓고
아랫목 노친네가
문구멍으로 겨울을 내다보고 있다

고향 봄

귓불을 얄근 대던 바람이 토담 아래 머뭇대고
아지랑이 널러울 배추꽃 꿀벌이 어우러진다
팔랑팔랑 범나비 나도 하잖다

파릇이 들쑥이 속살을 내비치고
밭 가는 총각은 앞 두들 댕기발이 처자가 아른한데
곁눈 않는 속 태움에 이랑골이 한참이나 길고
따르는 송아지 잰걸음에 속내만 급하다

댓골 언덕배기 잔설이 여태 희끗하고
거랑발 가재잡이 악동들 키들거림이 양양한데
김칫국에 밥 말아 먹고 장구치며 나온 해가 말갛다
빨갛게 시린 손이 잔등으로 따사롭다

오늘같이 뽀얀 달이 둥글면
구름 흐르는 하늘 저편, 닿지 않아 설븐 곳
찔레순 함께 씹던 순이가 동동거려 그립다

담담히, 조금은 관조하는 눈으로 세상을 바라본 우리네 이야기
엄니는 아배를

Part 04

그리움

그 의자에 앉으면
아지랑이가 교태스레 봄꽃을 유혹하고
바람이 피어나는 잎새 손에서 속삭이고
햇살이 그리운 구름을 포옹하겠지요

느낌이 없다 또는 마음이 내키지 않는다는 것에 대해
생각하고 있습니다.

아름다운 것을 보고도
맛있게 생긴 것을 보고도
좋은 것을 보고도
가치 있는 것을 눈앞에 대하고도
그저 밋밋해 할 뿐 별 감흥이 나지 않는답니다.

예전 같았으면
물불 가리지 않고 덤벼들었을 텐데…

나이 탓에 아니면 열정을 잃은 탓에
생기는 증세의 하나려니 생각하며 마음 시려 했습니다.

어제는 간만에 몇 자 쓰고 있었습니다.
그런데 그 속에 그것들이 묻어나고 있었습니다.
이제는 무엇을 보아도 느낌이 없고 감흥이 없구나
접어버렸던 그것들이 새록새록 다가서고 있었습니다.
예전 것들처럼 유치하거나 비릿하지 않고
그리 역동적이지는 않지만 담담하게…

닥쳐 있는 것을 붙들고서 놓지 않으려 바둥대던 그 시간이
소중했다면
슬몃 들어앉는 지워졌던 기억들은 아름답습니다.

뭔가를 잊거나 잃는 것도
온전히 나쁜 것만은 아니구나 싶은 아침이면서도
작금의 아름다움보다는 그 뜨거웠던 유치함이 그리운 건
무슨 소치인지!

그리움

여태 내 안에 갇혀진 채
달아나지 못한 가슴 차가운 요정이었다가
문득 산책길에 따라나서거나
내리는 커피잔 속에 불쑥 찾아드는
날달리 예쁘게 차려입는 수줍음

찾아 헤매어도 한번 때맞춰 오지 않다가
잎새를 따라 떨던 눈길을
하늘 끝으로 머물리고서야
아련한 기억으로 찾아들어 막상
손 내밀면 숨겨버리고픈
짠한 뺨에 꽃물로 스미는 일렁임

그만 지우려 들어도 물때같이 눌어붙은 속마음
끌어안지 않아도 끊어내지 못하고
안으로만 새겨져야 하는 기억뿐일 양이면
비워져 가는 찻잔 속에 동동거리지나 말 것이지

뒷단지에 쏟아 부어 가두어 버릴까
속치마로 묶었다가 먼 산에 훌훌 털어내 버릴까
그럴까 보다, 그럴까 보다

가?! 다시는 안 올끼다

추억은 가난하다
지나버린 것이기에 가난한 것일까?
가난하기에 마음뿐인 것인가?
향긋하지만

불알을 떼 버리고 입을 여럿 단다면
반드시, 꼭

뜨뜻한 아랫목에 배 깔고
잊었다는 가시네 속살이나 만질까
달콤한 엿가락처럼 늘어지게 올란지

버얼써 갔는데…
절대 안 온다
절대는 절간 담뱃대

허전하기에 당기는 것인가?
여즉 기다리기에 지친 것일까?
바람은 허전하다

누룽지

누룽지를 씹으면 친구가 생각난다
눌어붙고 찌그러져 볼상은 없지만
씹을수록 구수한 게 오래짱 내 친구 같다

이젠 말라서 비틀어지는데도
속에는 여태 하얀 밥틔 지녀 있는 것이
흰 머리 감추며 성근 머릴 긁적이는
조금은 마르고 주름진 영락없는 내 친구다

친구네 감나무에 까치는 앉았을까
만나야 밋밋하니 별 재미없겠지만
오늘은 누룽지나 나눠 달래려 그 친구넬 갈까 보다

그 친구 날 보면 또 숭늉 같다 할란가?

달고나

똘망대는 기다림에 싸여서도
돌아눕기를 도사리던 사탕 알갱이들이
휘젓는 장인의 손놀림 안에서 그만 마법에 걸렸었다

혀끝에 녹아나던 달콤함이
하고 많은 동화들로 부풀려지는 것은
색 바랜 그리움의 새김질이 아니다
뽀얀 속살에 새겨진 문신을 따라
봉황을 좇는 꿈이었다

팔자를 새기고 새를 잡고 고기를 낚으려면
뾰족한 철탑 끝을 비껴나야 하고
햇살에 비춰 보던 길이 자칫 끊어져 버리지만
아직 떼쓰는 것으로 녹아드는 덤이었고
부푸는 바람에 올망졸망 정이 둘러앉아 있었다

바랜 사진에 다시 색깔 낼 수 있으려나
내 나이 적 새끼들을 끌어 앉히고
호세로 한 줌 기억을 헤집지만

에이 뭐야? 똥같애

그래, 이게 똥과자라 하던 거야!

동문 모임

훌륭한 후배들과 자주 만나는 것이지, 뭐
청바지가 잘 어울리는 까마득한 선배는
소박한 꿈에 겸연쩍어 하신다

절로 통하고 그저 좋기만 하고
노래 자락이 깔리고 눌렸던 끼도 넘쳐나고
하는 일은 잘 되제?
고만고만 합니더. 형님은 더 젊어진 것 같네…
던지고 받는 덕담에
어사무사 추억들이 세월을 거스르고 있는데
혼동되는 시간 속에 어지러워도
너 나 우리 반갑기만 하다

취흥은 어느새 알라딘 램프를 밝히고
마술에는 사모님들이 먼저 걸렸나 보다
가림 없는 까까머리 악동들이 백마 탄 왕자가 되고
공주들의 눈빛이 야릇해진 지 오래다

꾸밈없이 담백하면서도 끈적한 정이 느껴지는
그래, 이 맛이야

'내년에는 건강하고 더 큰 복 받기 바랍니다'
헤어지는 걸음 뒤로 외쳐지는 비명
우리 남편이 젤로 공부 잘했다 카더라!
여태 뒹구는 웃음이 아쉬움 너머로 잠기고 있다

첫사랑, $\frac{1}{2}$의자

의자를 만듭니다
아무도 모르게 아무런 연장도 없이
허락되지 않은 의자를 만듭니다

만들려면 많이 아파야 하고
무척 두려울 것도 같지만
손마디가 갈라지고 심혈이 말라 버릴 것 같지만
떨리는 가슴 흥분을 가라앉히며 의자를 만듭니다

호젓이 기억 구석에 세워 두기로 하고
때로 무단히
가슴 한켠이 일렁거리는 때에 슬몃 앉으면
미소 지어 주기를 바라며 의자를 만듭니다

그 의자에 앉으면
아지랑이가 교태스레 봄꽃을 유혹하고
바람이 피어나는 잎새 속에서 속삭이고
햇살이 그리운 구름을 포옹하겠지요

색 바랜 몸내음에조차 전율하는 그대
수줍던 미소가 여태 곱게 기억되겠지요

하지만
살강대는 바람에 구름 흐르고
노랗게 채색되는 빈 하늘
잎새 날리어
목덜미 간지럽던 짧은 입맞춤이 끝나도
그때도 의자엔 혼자여야 하는 걸 알면서
의자는 자꾸 만들어지고 있습니다

영원히 깨어날 수 없는 정情의 구금拘禁으로

쉰 고구마

방 청소 하려는 며느릴 물어 내쫓은 노망난 노인네
더는 못 참겠다 울며 하소연하는 아내와 아이들
곧 내린 핏줄이라고 저밖에 없는 것이 한스럽고
하루 빨리 돌아가셨으면, 원망에
심살心殺을 저질렀던 게 벌써 몇 차례였던가

어디다 두었다가 어떻게 생각해 내었을까?
"누가 보기 전에 얼른 묵어라"
쉰내가 코를 찌르는데 한사코 내미는 고구마 한쪽
옆집 애 고구마를 뺐다 들었던 꾸지람이 생각나며
물컹 목이 차오른다
"그기 그리 묵고 싶더나"
40년이 넘도록 때 없이 우려 대시던 엄니

정신 놓아 받는 구박이더라도
오래만 사세요, 착한 자식 되고 싶다가도
이제 그만 천당 가셔서 모두 좀 편했으면…
패륜에 찢어지는 가슴인데

눈물 섞어 삼키는 고구마에서 끈적하니 늘어지는 진
엄니의 사랑이런가, 불효한 회한이런가

어느새 새우처럼 잠이 드신 노인네
누구를 만나는지 하얗게 웃음이 번진다

독작獨酌

먼 데 친구가 편지 보내어
요즘도 늘 마시냐 묻기에

친구 없이 독작하려니 멋도 흥도 일지 않아
아예 술 끊은 지 오래다 입 싹 씻어 답한 후에

빈 자리에 잔 채우며 권커니 자커니 하였더니

간만의 술이라 알큰은 한데
그리니 친구요, 마시니 그리움뿐이로세

한입만

아이는 깍꿍 어름만으로도 웃음이 넘친다
볼따귀에 사탕 한 알 넣고는 더 바랄 게 없어 한다

줄까? 내미는 사탕에 묻은 침이 찐득하니 늘어진다
회가 동하지만 '체면에' 멋쩍게 보고만 섰는데
한입만 먹어 봐
달큰하니 채근하는 눈길이 구슬처럼 맑다

한입 얻어 빠는 사탕이 그렇게나 맛있다
볼이 불룩한 채 아이가 배시시 행복을 짓는다

아직도 생선가게에서는

닿지 않아 안기려 들면서 그런 체를 마다려 한다
하여도 웃어 주었다 떼쓰고 있는

뜨거운 가슴이라지만 서로 셈을 치르고 있는 것인데
번듯한 녀석은 거들먹거리고

함께하려 들면
잘 말려 졸여야 제 맛이 난다고
않아도 될 까시를 발리고 있다

그래서 모두 생선이 되고 만다

가슴을 열어 몸을 식히고
응어리진 오장육부를 들어낸 뒤에도
정이 모락거리며 피어오르고 있는 곳

소매 끝으로 훔쳐내는 비린내가 등천을 하고서야
비로소 젊은 수저를 뜨고
자린고비 식구가 어우러지는데

널브러진 세상에서는 이를 아는 이가 자꾸만
줄어들고 있다

어리광

눈에 밟히고 명치 끝 아리는 자식
바쁜 삶이 핑계되어 죄스러움만 더할 때
옆에 있는 것만으로도 뿌듯하다 달래시던 손길이
너네 잘되면 나는 괜찮다던 그 애잔한 웃음이
성글어 가는 흰머리 보며 셀 수 없이 그리워

주름 패이고 하얗게 늙으신 부모님
자식 뒷바라지에 다 주시고도 애태우시던 정이
든든한 기둥으로 바람 막아 주신 사랑이
산그늘 다가드는 지금
때늦은 시근에 그 사랑 그려 애달파

산이 높아 그늘이 짙다고
숨차 하고 을씨년스러 하더니
쏟으신 은혜 만분 일도 못 미칠 늦깎이
해지면 달님 되어 밤눈 되어 드리리라
이제야 휑한 들녘에서 어리광을 부립니다

엄마 앞에서 짝짜꿍 아빠 앞에서 짝짜꿍
도리도리 짝짜꿍

만수 만수 하옵소서

이게 누고?

송충이 한 마리를 달고
첫 휴가를 나온 아들은 그렇게나 반갑다
동창모임에는
가물거리는 기억을 펼치게 하는 친구가 있다
반갑지만 출세한 녀석에게 건네는 인사는
왠지 씁쓸하다

어느 것이든 여하튼 간만의 만남이라지만
시간만큼이나 정이 다르다

탈바꿈이 유행병으로 번지고 있다는데
누구나 미소 짓게 수술을 시킬까?
아서라
너 나 분별 혼동되어 서방이 바뀔지 모를 일에다가
묻고 묻다가 이게 누고? 또 되뇌이면
벌써 치매라 할라

산다는 게 치매라면서 새삼스레 별나기는…

이별, 그리고

님이 낯 돌리고 떠났던들 어떠랴
여즉 그 님 내 마음에 있어 가슴 따사로운데
님이 나를 잊었단들 어떠랴
보듬었던 그 사랑 여전히 품어 있는 것을
비틀대는 속을 달래 보지만
떠난 끝을 놓지 못하고
가로등 먼발치로 그리움을 세워 보려는데
속 모르는 그림자가 발목을 잡고 늘어진다

장지에는 언제나 바람이 분다

왜, 하필
이때에 하늘을 가르며 바람이 일고
낙엽 떨는 길목에 풀벌레 소리까지 나는 것일까?

여태 아픈 것은
구름 위를 거닐 듯한 추억을 앓고 있는 것을

신기루처럼 사라지는 인연이라서
부나비 가슴으로 타들어도
생각을 드러내고 숨을 끊고서
함께 가겠다 손잡을 수는 없잖은가?

따르지 못하는 애통함에 부르는
미망의 진혼곡이려니
유명 다른 세상의 낯섦에
헛헛이 잔기침 내뱉는 것이려니

품으려보다는 그리렵니다

때때로 지난 옛일을 돌아보며 가슴앓이를 하는지요?

한 방울 이슬에 목말라하고
스쳐갈 연에 포로된 꿈을 그리며
오로지 기대만을 끌어안던 때를 돌아보는지요?

더 바랄 게 없다던 처음에 겹겹이 싸였더니
하늘이 끝없이 멀고
겨울 줄 모르는 욕에 허하기만 하는 이 속이란

차라리 모두 앗아가길 기도하고
모자람에 숨 가쁘길 간구한다면
바람에 가슴이 뛰고 설레는 기다림이 돌아올까요?

님이 아름다운 것은
보고파 그리움이 아리는 그때
아직 만날 수 없는 때문인가 합니다

Part 05

꿈

바람이 소리 없이 오리나무 가지를 흔들고
바지런 떠는 다람쥐는 어느새 도토리를 물었다
돌개울에 떨어진 잎새 몇이
떠날 채비는 않고 맴만 돌고 있다

꿈을 꿉니다.
잠자리 속에서 꾸는 그런 것이 아니라
기대, 상상, 바람 같은 그런 꿈을 이따금씩 꾸곤 합니다.
그 꿈은 참 이기적이고 한껏 욕심을 부릴 수 있지만,
그저 마음 안에서 그렸다 지웠다 하는 그림이라
욕심을 부리든 이기적이든
자신을 부끄러워한다거나 남의 손가락질이 두려워
움츠러들 필요가 없어 좋습니다.
그런데 그것이, 아주 드물지만, 어느 순간에 현실이 되어
떠억하니 앞에 다가와 설 때가 있습니다.
그런 때에 맞게 되는 놀라움과 신기함은
나 혼자만의 경험이 아니지 싶은데...
몇 번 그런 경이로움을 접한 뒤로 그 맛에 빠져 든 탓인지
어떤 것이든 이상적인 것이 있으면
꿈부터 꾸는 버릇이 생기게 되었고
얼마 전부터는 아예 격문처럼 벽에다 써붙여 가며
기대를 하고 바라며 꿈을 꿉니다.
어떤 때는 제 주제를 모르는 분에 넘치는
허황된 것이라는 생각이 들 때도 있지만
복권 당첨을 기대하는 것보다는 기대치가 더
있으리라는 생각을 하며 꿈꾸기를 멈추고 싶지는 않습니다.

꿈을 꿉니다. 이번엔 잠자리 속의 꿈입니다.
어느새 반백에 가까운 나이라는 것을 생각하고는
얼마나 더 많은 것을 하고 싶어
아직도 욕심을 버리지 못하나 하는 마음에,

사실 뭐 그리 큰 욕심이 있는 것은 아닌데
'하지 못한다', '하고 싶다'는 바람과 막힘에
아쉬움이 커가고 있는가 싶습니다.
그래서 그것이 단순히 남가일몽에 지나지 않을 것이라도
생각날 때마다 꿈을 꾸기를 바라는데 도통 꾸어지질 않는답니다.
실제로 많이 생각하고 있으면
꿈에 나타나지 않는다는 옛말을 믿어 볼까 말까 하는 중입니다.

그래서 또 꿈을 꿉니다.
잠자리에서 꾸는 꿈이 언젠가는 이뤄지리라는 기대의 꿈을.

하지만 앞날이란 것, 시간이란 것, 꿈이란 것, 희망이란 것,
참 멋진 기대를 가질 수 있는 것은 틀림이 없는 것이긴 한데
그게 제법 기만스러운 것으로 우리들을 놀려 먹기를 즐기는 놈이라
끝내 나타나 이루어지기를 거부당할지도 모르는 것이어서
닥쳤을 때 덜 아프려면 어려움이나 고난도 따를 것이라는 것도
염두에 두어야 하는 것도 아는 나인 걸 보면
저도 이제는 조금씩 철이 드나 봅니다.

하지만 내가 쉼 없이 꿈을 꾸는 가장 큰 까닭은
끊임없이 머릴 굴려야 치매가 늦어진다고
얼핏 들은 기억 때문입니다.

가을

낙엽을 보고
얼마 남지 않은 시간에 아쉽지 않느냐 했더니
웃음도 바람에는 날려 가지 않느냐며
그저 어깨를 토닥이고는
달음질치는 아이를 따라 가버린다
까르륵 댕굴댕굴

늦비에 추적거리는 삶이 가려질까
알록달록 덧칠을 해대며 미인이 되려더니
단풍이 산등성이를 에워싸는 가을 앞에
무지개도 부끄러워 화장을 지우고
말간 나신으로 돌아드는데
여태도 햇살은
행객의 어깨 언저리에 눌러앉으려 든다

* * * * *

거울을 보며
흰머리 쓸어 올리는 것이 멋있지 않느냐 했더니
진홍빛 유혹으로 석양이 가슴을 달구려 들고
추억만 제물에 가을을 타고 있었다

저 산이 바람나 연지 곤지 몸단장을 했나 여겼더니
여즉 세월에 떠밀리고 있는
치기가 설레어 가슴을 더듬고 있나 보다

언제쯤 가을이 먼 허공에서 내려와
팔딱대는 꿈이 될는지…

우드브릿지 공원Woodbridge Park

꿈꾸지 않아도 예쁜 아기새가
날개를 펼치려다 파닥거려 떨어지더니
눈부신 태양보다는 품는 하늘이어야 한다고
제법 맴을 돌고 있다
따사롭다

아이가 동무할까 아장거려 오다가 넘어진다
초롱하게 빛나는 별이 되고 싶다지만
새는 날아가 버리고
그마저 까르륵 웃음이 된다

가을 공원에는
말갛기만 한 아이들의 웃음소리가 파노라마지고
축복하듯 색색 잎을 날려 주는 가지에서
노란 주둥이 새가 별을 쪼고 있다
꿈을 꾸고 있다

그건 니 마음일 뿐이고

지하철역을 나오면서 보이는 하늘
아파트로 들어서다 돌아본 달
그는 언제나 마음속에 자리를 틀고 있다
허락도 없이

닿지 못하는 희원을 매달아 둔 탓인가?
잊혀지지 않는 그리움을 얼핏 내비치고는
시치미를 떼는 까닭인가?
제 딴엔 마음을 도닥인다지만
옥빛 미소를 흘리거나 희멀건한 눈길은
단지 아쉬움이고 아픔일 뿐이었다

언제나 자리를 내어 주고 떠날까?
틀고 앉은 한구석을 털털 비워 줄까?
작정하고 눈싸움을 건 나를 내려다보며
그는 여즉 말이 없고
머쓱해진 마음에 헤헤헤 웃음으로 얼버무린다

그렇게 비워지고 있었다

까마귀가 할배요 하겠네

고사리손 아가손 단풍손 내손
하얀손 언니손 솥뚜껑손 오빠손
까막손 니손 두겹손에 씻을 손
까마귀가 할배요 하겠네

까치발 언니발 새발 아가발
버선발 엄니발 내발은 맨발
까막발 니발 거랑발에 씻을 발
까마귀가 할배요 하겠어

버선목 엄마목 자라목 아빠목
아랫목 할매뫇 노루목은 길목
까막목 니목 먹물에도 씻길 목
까마귀야 니 할배 여 있네

너도 시인이여

꽃 피고 나비 날고 때로 잉잉거리는 벌도 있다
산기슭 풀밭이기도 뒤안 두엄간이기도
시인의 가슴팍이다

어디 당신네만의 것이겠냐?
모두 가진 가슴이겠지만

새기지 못한 채 풍겨내기 싫어 차라리 입 다무는 게지
풀어 젖히기 싫은 속내라
짐짓 망울지지 않았다 고개 젓는 것이지
남을 자리가 허전할 것 같아 갈무리하는 것이겠지

그러고 보면 그들
참 뻔뻔하고 낯짝 두껍다 싶다만

찌들려 냄새나도 온기 느껴진다면
입 다문 채 고개 돌리는 가슴이야 차라리 시인이어라

비

때때로 막연한 감미로움으로
가슴 한켠을 쓸어내는 기억의 조각들을
귓전으로 속삭이는 너는

어느 봄날
수줍어하는 시선으로 머릿결을 적시는 이슬비이더니
언뜻 속살을 비치며 눈꼬리를 살랑대는 여인이 되어
정염情念으로 낙수落水되고 있었다

요동치는 청춘의 격정마저 태워 버릴 계절에
뜨거운 열정은
애타는 목마름으로 한 사발 소나기를 들이키고는
쨍, 무지개 가슴을 내밀며 말짱히 시침을 떼고

때 되어 가랑비 다가들면
홀홀이 몸단장 지우는 낙엽 발치에서
하늘 먼 곳으로 주절대던 싯귀는
님에로의 고백이었다 그때사 추억하였더니

이제 동면의 시간 동안
무엇으로 나를, 넌 그립게 하려는가?

눈바람 질척대는 간간이
겨울비 되어 차라리
내일來日에 오실 정인情人의 옷깃이라도 여미려나

새벽 숲에선

새벽에
돌개울이 흐르는 숲엘 가면
기지개 소리를 듣는다

풀잎에 함초롬하던 이슬이
솔방울 떨는 소리에 깨어나고
이름 모를 산새가
꼬리를 까닥대며 돌 틈 새로 강종대고
낮은 안개가 가만가만히 낙엽을 밟고 있다

바람이 소리 없이 오리나무 가지를 흔들고
바지런 떠는 다람쥐는 어느새 도토리를 물었다
돌개울에 떨어진 잎새 몇이
떠날 채비는 않고 맴만 돌고 있다

나뭇잎을 닦아내던 햇살이
고요를 밀어내며 하얗게 새벽을 깨우면
숲은 말간 드레스로 갈아입고 눈부신 신부가 된다

풀벌레 악사가 이른 아침을 연주하기 시작한다

술꾼

내 맘이 니 맘일까?
맘이 중요하다지만 너는 품어서 더욱 좋다
싸대기를 맞아도 니가 내 애인이다 고집한다
하얗게 시간을 지우며 앙탈을 쳐도 헤어질 수 없다

내꺼라 외치는, 설레설레 고개를 젓는다
그라믄 나는 니꺼라 해라
그래 나는 못났고 넌 강하다
그러게 내가 널 좋아하는 거 아닌가?
무슨! 넘들, 끼리끼리 모인 게지
언젠가 꾼을 벗고 쟁이가 되리라
깨면 속마음을 여는데
마시면 또 품으려고만 든다

지금?
벌 주지 못하는 지경까지 네게 취했다
품었다 고집하는데 네게 빠졌다고들 한다

허우적대도 달이 뜬다면 가라앉으리라

아름다운 사람들

스승의 그림자에 여태 발자국 생긴 적 없는 연유는
마르는 들풀에 빗물 되고 서릿발 보리조차에도
볕 쬐 온 것을

길가에 너부적 엎드려 동냥 얻는 거지가 부러운 건
대가리 굴리며 혹세무민하지 않을 게라 생각되고
그네들이 하늘에 대고 지르는 타령 또한 우리네의
것이기 때문이다

별빛마저 피해 앉은 밤길에서 비릿한 고깃덩이를
흥정하는 창녀를 고이는 것은 모자라게도 주어지지
않은 삶의 달란트에 욕지거리를 주절대면서도
욕정에 내팽개쳐지지 않고 오직 살아가는 수단으로
가랑이를 벌리기 때문이다

처녀막 정형수술을 권하는 의사가 싫은 까닭은 상실된
육체를 땜하려는 의술 때문이 아니라 애틋했던 정을
자르고 추억의 편린마저 지워 버리려는 상술 탓이다

우격다짐으로 웃음을 강요하는 개그맨의 난장지기에 부화뇌동하는 것은 시침 떼고 비춰주는 눈부신 거울 뒤로 미처 여물지 않은 삶을 다듬느라 용쓰는 얼굴을 감출 줄 아는 탓이다

회오리 일어 풀잎 날리고 우박처럼 금품이 범람하는 때에 세상 온통 그림자 지고 때 눌은 발자국이 엉키면 창녀여, 거지여, 개그맨이여, 참 아름다운 사람들이여! 그대들 부디 득세하여 또한 애물단지 될지라도 정을 자르지 않고 기억은 조각내지 않겠다 약조해 주려오?

밟혔어도 우리 스승님들
눈물로 한 많은 구천 헤매시지 않도록…

조금만 비운다면

아무것 볼 수 없는 이 어둠은 무엇인가
너무 어둡고 무섭다 탓하지만
애초에 그건 나였다
가슴 가득 바람을 들이고자
암흑 속으로 걸음을 유혹한 것은

그리고 이제 무엇이든 어떻든
탈출하련다 내뱉고 있지만
어디라도 가야 한다고
이미 내딛은 길이라서 계속 걸음을 떼어야겠다고
여즉 그 길을 헤매는 것일 뿐

호흡을 누그러뜨리고 멈춰야 할 어둠이든
심장이 멎고 유명을 달리해야 하는 저세상 길이든
아니, 알아야 할 까닭 없이
한 줌 걷어내어 빛을 들게 할 수는 없는 것인가?
잠시 쉬어 가게 할 수는 없는 것인가?
작은 별일망정

이태백 유감

달밤에 술을 마시면 아쉬움이 든다
잔에 동동 떠있는 예쁜 달이 미워 더 마시게 된다

하늘에 술잔에 님의 두 눈 속에 그리고 마음 안에
세상 달을 다 가졌나 했더니
노송에 일던 바람이 강물에 떠내려가는
달을 희롱하더라나

못 본 듯 고개 돌리고 이따금 곁눈질해도 되었을 것을
품어야 시린 가슴만 남을 걸 무어 그리 애달팠는지
여태 허우적대며 건지려고만 하는 것인가?

홀짝 마시면 마음 가득 만월인 것을
아쉽다 대 시인, 그립다 그 정취

어느 주말의 얼굴들

14개 클럽을 둘러메고 걸어서
18홀 6,970야드를 마친 C선배님은
모자 속으로 성근 흰머리를 쓸어 담으며
느긋이 나를 돌아보고 있었다
건강이 젤이야. 꿈이란 거, 너무 바작댈 거 없어
크든 작든 지나면 다 아름답거든…

아직 숨을 고르지 못할 만큼 파워를 뿜어내던
K형의 샷은 러프를 겨우 피해 갔을 뿐이었고
중동 열사熱沙에 태웠던
꿈의 끝을 여태 놓지 못하지만
그 또한 지나며 아름다움만으로 키워졌던 것을

어설픈 글쟁이 읊조림 타령을 흘려들으며
술잔 가득 암내를 채우는
함지박 엉덩짝 올리브 여인이 교태스러운데
남편을 빗속에서 죽음으로 보냈다는 그는 젊었고
아직은 미모보다 더 시린 꿈을 마시고 있었다

오십세주 향기에 후각을 잃어 어지러운 H프로가
여즉 빳빳한 기를 세우고 사는 듯한
선배 P랑 어우러져서
빗속으로 젖은 노래를 뿌리고 있었고
당연히 그의 노래에는 전문성이 실려 있지 않지만
패거리를 포함한 우리는 신이 나 한다

제각각 살아온 지 이미 오래인데도
아직도 깔고 앉은 삶의 틀은 바뀌지 않았기에
현백賢白 C선배님의 절제된 꿈에 취하며
K형은 흐트러졌던 시간을 꼽느라
쥐었던 주먹을 펴지 않았고
H프로는 여인에 기대어 잠에 들고 있었다

밤새 비가 와도 좋을 듯한 이런 날에
나는 무엇을 해야 하는 건지

잃어버린 내 별

꿈을 키운 것은
바람 더불어 일렁대던 저 안의 전설이었는데
벗기고 열어 젖혀 무엇을 찾겠다는 것인지

속 시원히 까뒤집지도 못하면서 파헤치고
겁만큼이나 멀다면서 쏘아대고
별을 부수고 천상을 무너뜨리며 꿈을 앗아가고 있다

입 다문 채 만지작거리고 있지만
흔적마저 스러져 가는 꿈의 끝으로
아이는 늘어지는 그림자조차 방향을 잃고 말았다

밤 이슥토록 찰나를 빌어
소원하던 동화를 내동댕이쳐야 한다면
이제 누구라 기대어 몸을 부비고 꿈꿀 수 있을까?

님을

어떻게 해야 만날 수 있을까?

등불을 밝혀 들고서도 찾을 수가 없었다
무엇 하나 성에 닿지 않아
열어 젖혔다지만
허욕만이 가득하고 가슴이 없던 게란다

눈을 뜨고 마음을 여는 법을 배우라 하고
느긋하니 품으라고 했지만
넘쳐나는 힘에 제 각을 깎아내지 못하고
꿈에 떠밀려 깨어나지를 못했다

눌려 넘어지고 부대끼다 날이 저무는 것 같은데
아직 나는 님을 만나지 못해 찾고만 있다
처음부터 님은
내 곁을 제자리라고 이미 버티고 있었다는데

다가서도 품지 않으면
보이지 않는다는 말이 여태도 낯설다

Part 06

삶

더더욱 가슴 깊이 자리하려만 드는 그때
누구의 그집이었을까?
돌이킬 수 없는 꿈일 뿐이라는데도
언뜻언뜻 귀 간질이는 환청으로 다가드는 이 기억들은

갈림길을 만났습니다.

어디로 갈까?
어느 길이 더 나은지 아나?
아니.
그럼 끌리는 데로 가라.

지난날의 우리는
하늘이 무너지듯 걱정하거나
지나치게 흥분해 할 필요가 없었던 일에
많이도 동동거렸구나 싶지 않습니까?
어차피 지금은 누구나 여기 있고 내일에는 또 모두들
어딘가로 갈 텐데...

사람이 죽으면 몸은 기초원소로 돌아가는데
혼은 어디로 가는 걸까?
우리에게 생명을 부여했던 조물주에게로 가는 것인가요?
조물주가 사는 세상은 혼으로만 이뤄진 존재들이 있는데
유충기를 보내며 사는 숙주가 인간이 아닐까요?
그래서 인간을 만들고
우린 평생 동안 뇌의 10%밖에 못 쓰는 것이 아닐까요?
그래요, 시간이 남아돕니다.
쓰잘데기 없는 공상이라도 해야 할 만큼

태양계 바깥 어딘가에서
지구와 비슷한 환경을 가진 듯한 별을 발견했답니다.

물이 있지 않을까 하는 기대와 맞물려
생명체가 존재하리라 흥분을 하고 있습니다.
빛이 20년간 가야 하는 거리라는데…
허황한 건 그것이나 나의 공상이나 마찬가지일 것 같으니
차라리 내 공상에 빠져 있을까 합니다.

그런데 어느 길로 가야 하나?
없는 것을 그리며 무한 공상을 계속할까?
가진 것을 보듬는 오늘을 그릴까?

가을 하늘에는

가을 하늘에는
여름내 맞을 수 없는 어우러짐이 있다

아득한 곳에서 호면에까지
여태껏 보여주지 않던 저를 비추고
들어서 안 될 것 같은 가슴 떨림을 들려주고 있다

그저 좋아서 끌린 눈길을 보듬어
새겨내지 못하던 푸른 우러름을 진정 지니게 한다

세차지 않지만, 외로움을 털어 실은 구름을 다독여
담담한 따뜻함으로 품게 한다

시간이었을까? 은혜가 가득 이 여백으로 안겨온 까닭이?
연둣빛 바람이 어느새 푸근히 영그는 때가 된다는 것이
다만 기도로 감사드려지는 것인가!

가을 하늘에는
감히 입 떼지 못한 채 멈춰 서는 다스림을 깨우친다

감투

너는 닿는 데 없이 비상하려 들지만
덧칠된 욕심에 눈멀고 부풀려져서
늪 속으로 침잠되고 있는 것을 인지하지 못한다

함성이 멎으면 네 갈 곳으로 가리라던
순결을 외면한 채
여태 원죄에 얽혀 풀려나지 못하는 너는
허기진 꿈에 목말라 하는 피에로가 되고자 하고

넘쳐나도 더 솟구치려만 하는 너의 기승은
무엇으로 기인되어 모두를
그토록 사각 틀 안으로 밀어 넣으려만 드는가?

너도 재 되어야 깨어나겠지만 그때에 날아올라라
너와의 애정행각을 그리다 몽정한 끈을 끊어 내고
못다 한 비상을 채워 주려마

꼴찌 더불어

말짱 꽝이잖아? 한 가지라도 잘하는 게 있어야지
아, 참! 담엔 잘하면 될 거 아냐? 두고 보라구
표정은 당황스러운데 능청스레 오기를 내뱉는다

그래, 믿는다. 그런 오기라면 뭔들 못해 낼까
그렇지만 너무 바득대지는 마려므나

누구나 아름답다면 좋겠지만
어느 것 모르는 게 없다면 신나겠지만
아무것도 모나지 않고 둥글다면 싫고
모두가 훌륭하다면 멋들어지겠다지만

누구나 저가 제일이다 고집일 게고
나만이 해낼 수 있다 독재하려 들테니
감싸 어우르는 정은 어디에도 없을 게고
아수라판 난장이 따로 없을 터

있는 놈, 없는 놈, 잘난 놈, 못난 놈들이
올록볼록 사는 세상에서

더부는 뭇 제대로 하는 못남에 손뼉 쳐 주려마

너 없다면 짱인들 잘날 수 있겠냐?!

그 까닭을…

모두들 가 보았다고들
가 보고 싶다고들 하기에
팔딱거리던 설레임은
버얼써 탐욕의 유혹에 빠져들었더니

혹간은
지나 보면 별거 아니라고
덤덤히 사래 저으며 되풀이하기에
그 까닭이 궁금하기에, 하 궁금하기에

미인이 있어 야릇한 웃음 흘리며 속삭였기에?
따뜻한 바람 있어 감싸며 보듬어 준다기에?
푸른 꿈이 끊임없이 솟는 화수분이 있다기에?
여태의 아픔을 누일 내일이 있다기에?

살아가는 사연들이야 갖은 색깔 가졌다지만
부나비나 범나비나
만나는 끝이야 똑같은 북녘 산자락일 것인데
저는 왜 꽃으로 날아들고

저는 어이하여
타오르는 불길로 뛰어들었던가?
그는 또한 왜 눈감고 헛헛한 미소 지을 뿐이던가?

술렁대는 가슴을 누를 수 없어
바라보는 것으로는 성을 채우지 못하고
가 보았다 하셨습니까
지나면 아무것 아닌 길을 그리 힘들여?

비워져 버린 가슴속을 떠돌며 절름대는 진통
모자라서 반복되는 꿈의 잔해들
까닭 까닭들

유니버셜 씨티역 광장

각양의 얼굴들이
솟구치듯 스며들듯 오가는 지하철역 광장
여린 가로수가
손바닥 그늘이나 드리울까 애를 쓰고 있다
표정들이 낯설다

수은등을 인 잎사귀 몇이
떨궈 버리려는 가지 끝을 잡고 칭얼대고
걸음이 바쁜 사람들은 하나같이
귀에 폰을 걸었다
없을 땐 어떻게 살았을까?

여태 성하의 열기로
뒤척대는 낙엽을 좇던 바람이
넌지시 가슴을 열어 보이고는
'아이스 께에끼'
때묵은 장난질로 스커트를 제꼈다
무엇을 바랐던 걸까?

없는 것에서 비롯되었다던
태초 속으로 사라진다는 겐지
전생에 있었다는 곳으로 돌아간다는 것인지
궁금증을 아직 풀지 못했다는 것인데
사그락 바스락 참 말도 많다
주절대 보아야 연고 없는 차창에 묻혀 갈 뿐인데

바람 불고 잎새 뒹구는 역 광장에는
보고 들을 사연들이 넘쳐 날 것 같은데
너나없이 덤덤한 표정들로 바쁘게 왔다 가버리고
절실한 걸객의 내미는 손만 언제나 느긋하다

그런데 혹시,

세상이 아름다운 것은
꽃이 피고 새가 지저귈 수 있는
너른 들녘과 푸른 하늘이 있기 때문이랍니다
그런데 아십니까?
당신이 가슴을 열어
창틈 새로 스며드는 향기를 맡고
그들의 속삭임에 귀 기울일 때
세상은 더욱 창연해진다는 것을
삶이 가치로운 것은
성실히 일상을 일구며
오늘을 돌이켜 내일을 기도하기 때문이랍니다
그런데 혹시 아십니까?
하던 일을 잠시 멈추고서
두 눈을 감은 채 햇볕 아래 앉으면
마음 두루 나른한 볕살이 잠겨 오고
소박한 행복이 졸음처럼 밀려오는 것을
아름다운 세상에서 가치 있게 살려면 기도해야 하지요
그런데 호옥, 그 기도가
벅찬 가슴을 쓸어내리며 한 걸음만 뒤처져
조금 쉬어 가라는 것은 아닐지요?

삶

이력난 시간들을 덧대어 추억이라 고집하고
맞닥뜨리는 현실에 광대짓을 쳐야 하지만
기대를 곱씹어 내는 새김질에 설레는 부요라 했다

지난 것들을 그리어 품으려는 까닭이
아팠든 즐거웠든 추억이 있는 때문이라 하고

두렵지만 애틋한 설레임이 있기에
다가올 시간에 가슴 벅차하는 것이라 했다

내일이 오늘같이 아플 수도 있겠지만
또한 어제처럼 그렇게 지나갈 것이라 했다

하지만 한참을 넘어지고 깨진 뒤에
그렇구나 어렴풋 알아지면 다행한 것이라고도 했다

카페에는 외로운 위로가 가득하다

행객들은 술 마시는 것보다는
제 모습 감추기 놀이를 즐기려고 카페에 간다

모양새대로 뻗대면서
비침을 숨기려 들었지만
들이고 내는 숨결이 가빠지는 것으로 벌써
카페엔 외로운 고백이 스물대고
주객들은 거울 속으로 다투어 제 몸을 디밀며
이 시간만큼 눈부신 비침을 선망하고 있다

화려한 빛을 뿜어내던 기세는
담아 두어 아팠던 기억으로 다시 사그라질 뿐
거울은 아무에게도 제 속을 허락하지 않고

펴내지 못한 음악이 넘쳐흐르는 때까지
어우러진 정을 마시고
의미 없는 옷깃을 부둥켜안으려
놀이패 춤을 춘다

잃어버린 기억조차 아랑곳 않은 채
거울놀이는 계속되고
하나같이 뜨거운 몸짓을 하고 있지만
그네들은 춥고
거울은 그렇게 사위어 갈 뿐일 듯하다

이름 짓기 어려운 사람들이여
떠나는 걸음에는
위로를 구하지 않았으면 싶다

도둑

어제는 큰딸이 또 뭘 집어 갔다네
딸이 셋이면 도둑놈 가져갈 것도 안 남는다더만

그래도 딸 훔치는 사위만 할까?!

우리 집엔 딸이 나밖에 없으니
문단속을 단단히 해야겠네

누나가 무긴데 뭐가 걱정이야!

요샌 무기도 훔쳐간다 카더라

매형은 군인이다

단풍

긴 시간을 살 부비면서
꽃이기를 애태우던 계절이 지치도록
한사코 나서기를 마다하더니

햇살 사위고 향기마저 바래는 때에

뜨거운 속내를 드러내어
이제사 저리 붉는 정념

버얼써 꽃이었던가?

걸음 잡힌 나에게
풀어헤친 가슴을 내밀며 아내같이 웃는다

꿈을 꾸었습니다

과수원 다락에 세를 살고 있나 싶습니다
사방이 뚫어져 있습니다
시집간 여동생이 매제에게 쫓기어
나무들 사이를 바쁘게 피해 다닙니다
무슨 일로 저러나, 잘 살지 못하고
덜컥 가슴이 내려앉으며 두려움이 듭니다

한잔 어떠냐?
느닷없이 술병을 든 형이 창을 넘어왔습니다
어정쩡하니 술을 마시는데
갑자기 돼지 떼가 몰려나옵니다

잠이 깹니다
동생에게 무슨 일이 있나? 형이 어디 아픈 겐가?
그리움이 그리 보이는 거겠지, 무슨 일이야 있을라구
애써 진정하며 다시 자리로 드는데
언뜻 몰려나오던 돼지 떼가 기억납니다
돼지? 횡재 꿈인가?

여인이 비몽사몽 속이 안 좋으냐 배를 쓸어 줍니다
그녀의 손은 언제고 그리 따뜻합니다

38490762
한참을 뒤척이다 얼핏 잠이 들었는데
숫자가 떠올랐습니다
좀 전의 걱정들은 다 잊어버리고
돼지와 숫자만 또렷해집니다
왜 돼지가 보이고 이런 숫자가 떠오르겠어?!
가수假睡 상태인데 조합을 하다가 나누다가
수열을 맞추느라 진땀을 흘리며
대박을 꿈꾸더니

꿈은 꿈일 뿐 미치지 말자, 꿈은 꿈일 뿐 생각을 말자
이른 새벽부터 PT체조를 했습니다

늙은 친구

머리를 잘라야겠다 싶더니
문득 낙엽을 모으고 싶었다

다 해야 몇 닢 되지 않는 그것을
늦기 전에 주워 모아야 한다고
이제사 가슴 두근대며 조심스레
숲길로 발을 떼었다

책갈피 사이에 그것들을 간직하느라

늦어 버린 이발소 거울 속
이발사는 수전증을 호소하지만
정성 들여 속알머리를 위장하고 있다
더 이상 가려야 할 이유가 없는
나는 차라리 입을 다물고

색깔을 탓하여 줍기를 가리고
모양새를 내세워 숱을 쳐내던 때로
숲길이 나고

반짝반짝 속살이 내보이면
그제사 늦은 것을 알아야 하는 것에도 그저
허허허
허허허

머리카락 한 올이랑 낙엽 한 닢이
친구하자 들이대는 때

밤이 지나면

밤이 무섭던 때, 자라는 몸뚱이 속으로 채워져 가는 오류와 죄악에 더욱 밤이 무서워지던 때, 그러면서도 그 밤들의 괴성과 잉태를 싸잡으려 미처 익지 않은 어둠을 깔고 앉아 포효와 울분으로 심장과 낯을 가리우고 삼켜대던 서툴렀던 삶의 기대는 차라리 피곤한 두려움이었던 것을…

그 밤에 이루어진 역사의 갈피들이 하나하나 별똥되어 전설의 이야기책 속으로 멀어져 사라진 훨씬 후에까지 뜨거웠던 마찰과 집충등의 눈부심에 매달려 허우적거리고 무서움은 그 시간 나를 핥았지만…

나의 밤이 스산한 바람을 따라 휴식을 제안할 때까지도 그가 신비로운 육체로 담금질하는 무서움이었을 뿐 나의 잠든 시간 동안, 딱지 앉은 가슴에 별을 뿌리고 눈먼 흑암의 맥박 속으로 달을 밝히고 있음을 눈치 채지 못했다 그 밤이 시간이었고 무서움이 삶을 호흡하고 있어 전설 속으로부터 내가 너랑 창조물 되어 어느 날 불현듯 어디의 자궁을 통해 튕겨져 나와 이 별이 단단한지 매일 아침 두드리며 살고 있는 것을…

솔가지로 일던 바람이 피리침 끝으로 잉잉대는, 새로이 바뀐 듯싶더니 이내 보호색으로 갈아입은 이방인이 다른 밤을 데려왔을 시간에, 이 밤은 매우 흐리고 비가 올 거라며 밤은 달라졌음을 내뱉고 있었지만 비둘기 울음 속으로 새어 나는 호흡은 같은 무서움을 앓게 한다

밤이 잠들면 나는 깨어날 수 있을까 무서움이 여태 낡은 이빨을 드러내며 추하고 느리게 어기적거리지나 않을까

악다처럼 해가 뜰 때 담담히 밤을 하직하고 무서움은 다 채워지지 않은 가슴을 아쉬움에게 자리로 내었으면 싶다

미끼

젖가슴을 얼핏 대며 눈웃음을 던지던 때에도
고깃덩이를 살랑대는 사냥꾼 앞에서도
한사코 붙어 떨어질 줄 모르는
그림자 길이를 눈치 채지 못하는가?

꽃들이 키들거리며 가랑이를 넘나 볼 때도
맛감을 떼며 찰그락대는 엿장수 가위 소리에도
쭈빗대며 꼬리를 치려는가?

고양이가 밤이슬에 젖은 손으로
허리선 아래 털을 누일 때에도
어둠 속에서 미끼를 애탐할 뿐이었고
늑대는 끝내 그미를 품어주려 않을 것을

바람이 내미는 술잔을 받으며
시간은 새로운 곳을 향해 숨 가빠 하지만
여즉 던져진 미끼는 너를 속이려 하고
짓궂은 웃음으로 유혹을 드러낼 것인지

찰그락찰그락
야옹야옹
살랑살랑

바람 사이로 철철이 떠 내리던 꽃잎이
그림자를 동반하여 먼 길을 떠난 뒤에
다시 촐이 들면
웅크렸던 허리를 펴고 쉴 수 있으리니

하지만 그 때에도
아직 대 이르지 않았다 신을 유혹하고 있을 게다
여태 그래 왔듯이…

빨래터와 사랑방

빨래터는 무표정하지만 물살 따라 입이 간지럽고
사랑방에는 담뱃내가 진하게 배어 있었지

신령골에서 전해진다는 하 많은 전설들을
니한테만 말해 주께
지나면 밤낮 같은 얘긴데
끝내 구덩이를 파고 묻어 두어야 한대서
임금님은 귀를 자르는 거리를 감춘다

징징대던 아이가 건너가고도 한참이 지나서야
노란 고무신 한 짝이 떠내려 오고
나비를 희롱하던 꽃잎이
소박데기로 쫓겨 가는 거랑가에
새 생명을 기원하는 탑돌이에
어지럼증 난 해무리가 돌고 또 돌고
누구 엄마를 업어 갔다며?

아재는 또 빙글거리며
친구의 구린내를 퍼 담고 있었다

글마 거시기가 짝짹이라 카더라
아서라 어서 덮어라, 꼬시래기 지 살 뜯을라
두어 자락 그런 얘기는 술값으로 녹아들다가도
숭늉처럼 구수하다, 맛을 알거든

한줄기 소나기야 기우제 지낸 농사꾼을 적시지만
지팡이를 두들기는 심봉사는
물살에 씻기어 간 징검돌 가장자리가 아쉬워
그만큼도 더 했는데 여태 무슨 사연이 그리 많은지
비 맞은 중이 되고 있다

까륵까륵 주절주절 대지만
말짱 헛소문이라 카이!

삶, 그 외길

그리 오래 걸리지 않는다고들 했지만
퍽 멀게 보이는 게 그러하다
그럴 성싶다며
십자가를 진 죄인 흉내를 내다가
애물단지가 되어 버둥댄다

그리 외롭지 않을 거라고들 했지만
모두가 같지 않기에 그러하다
덫이 된 시간은 어제와 오늘을 가려 놓았고
짙은 화장으로 하나의 피에로가 되는 얼굴들이다

그리 가파르지 않다고들 하지만
끝 간 데를 알려 주지 않으니 알지 못한다
가슴을 내어 보아야 쳇바퀴를 돌릴 뿐인데
욕을 등이 휘도록 퍼 담은 채 다투어 오르려만 한다

거친 호흡이 멎어 벼랑에 날리워야
자리 내어주는 바람이 나고
혼은 다시 조물이 된다 하니

그제야 욕을 벗어나 가벼우려나?

안기는 기억을 떨쳐낼 수만 있다면
소원하지만
또 저만치 멀어지는 외길인 것을

일탈

일어나 먹고 뭐하고 놀다 자고
또 몇 시 몇 시 새김질을 하고

메주를 다져 밟는 어미 곁에서 아이
고사리 흙집을 짓고 있다
두껍아 두껍아, 헌집 줄게 새집 다오

이러저러 하면 요술에서 풀려나고
이렇게 문질러야 나타난댔어

동그라미 하나를 두고
인간은 바쁘고 다람쥐야 눈길이 멀다

닭의 목을 조르는데도 종이 울린다
일어나!
몇 신데?
알게 뭐야, 알게 뭐야

펑, 두꺼비는 왕자가 되고 램프 지니를 병 속에 가둔다

그러게 쳇바퀴를 두르지 마라니까

자위행위

오십 줄에 들어서니 참 좋다

연륜을 따지면 얼른 나이를 들이대고
예쁜 여자에게는 슬몃 젊다면 되고

명퇴되어 조그만 걸 구상 중이라면 되고
직장도 없는데 여윳돈이 있겠냐면 되고

방문 벌컥 열려도
이 신세에 자위도 않으면 어쩌라고?

오십에
자위행위는 참 필요하다

(얀마! 그런 자위 말고)

메주 같이 쑤자는기 우째 청혼했기고?

빼곡히 메즈가 걸려있는 토벽 골방인데
메주에서 알콩을 떼먹던 할멈에게 영감이,
니, 내가 니한테 뭐라 청혼했는지 기억나나?
쌩뚱 맞기는. 모린다, 그기 언젠데 아직도 기억하겠노?
하기는 했나? 못 들었던 것 같은데, 뭐라 했는데?

같이 메주나 쑬래?
구름 져서 비 오면 어쩐데?
다들 그리 산다는데 뭘

아이다, 그기 어데 청혼이고?
메주나 같이 쑤자는 게 우째 청혼했다는 기고 말이다
도리질을 치며 말 공기를 해대는데

희끗대는 머릿결 사이로
축복같이 햇살 따라 들고 살랑 바람도 이는 것 같다

거 봐! 고만고만 산다고 하였지?

참 귀한 주변들

없으면 숨 막히는 걸 모르는 공기같이
여의면 가슴 미어지는 걸 미처 깨닫지 못하는
공기 같은 부모님

색 바래고 모양새 잃어 가도
씹을수록 구수한
누룽지 같은 또래 친구들

있어야 밋밋하니 한두 저일 뿐인데
없으면 찾게 되는
김치 같은 아내

잘 자라라 따사롭게 따갑게 가꾸시는
햇볕 같은 스승

예쁘지만 가시 나고 이내 시드는
장미꽃 같은 애인

공기 맑은 한촌에서
누룽지에 김치를 씹으며
해바란 곳 장미를 좋아한다면
스승님과 부모님은 어쩌실까? 좋아하시려나?

아서라
마누라 팔뚝 걷을라

화장

발가벗고 있어도
깨물어 줄 만큼 예쁘다는 말만 들었고

멋져 부러!
민낯에 누더기를 걸쳐도 탄성을 받던 때도 있었다

한창 피는 시기에 뭔들 아름답지 않을까마는

줄 긋는다고 수박 되나? 화장발일 뿐이지
중년을 넘기고서부턴
듣노니, 이미 기울은 핸데 타올라 봤자라더니

다 늙어
매무새에 저리도 마음이 쓰일까?
바득대야 한 점 주름도 가려지지 않을 걸
편하게나 두지

이젠 아예 노골적인 핀잔이 끊이질 않지만
그만 두지 못한다

여태 제 조라지를 몰라서가 아니라
언제 불려갈지 모를 나인데
화장장이 눈살
찌푸리지 않게 주검이라도 깨끗해야 하잖아?!

그래도 적당히 해
너무 고와 정 떼지 못하는 이들에 발목 잡힐라

유무상통

비어서 불편하나 없어질 염려가 없고
많아서 좋으나 잃어버릴 걱정이 크다

아파서 괴로우나 나을 일만 남았고
신나 들떠 하지만 허전함이 뒤따르는 것을

높이 올라앉았다지만 내릴 일만 남았고
겨우 첫발 뗐다지만 창창한 앞날이라

끝났다 손 털려 마라 또 다른 시작이려니
해돋이에 소리치지만 금세 너미 닥쳐올 것을

다 이뤘노라 으스대는 그대나
오리라는 기대에 부풀어 있는 나나
있고 없음이 다를 바 없고

너 잘났네 내 잘났네
까치발을 세워 봐야 도토리 키재기에
겨 묻었네 똥 묻었네

멱살잡이 해대봐야 꼬시래기 제 살 뜯기고
잘난 너도 덜 생긴 나도
펼쳐내면 같은 뜨거운 가슴 가진 것을

흰말 엉덩이 백말 궁둥이
두루두루 품어 안고 두루뭉술 살자구요
어얼쑤 덩실 춤이나 추며

그때, 물 맑던

채근해야 크게 달라지지 않는 것을 아는 나이이기에
더 이상 꿈꾸려 들지 않으려는데
새삼스레 덜미를 나꾄 채 헤어나지 못하는 바람은
가버린 시간
꽃신 고르는 아낙의 등에서 젖내를 풍기며
곤한 잠에 빠져 꿈을 수놓던 향기로운 아기 때

이만하면 됐잖아 뱃살을 내밀어 보이지만
허전한 속내를 추스르지 못하는 것은
때 묻지 않아 지워낼 수 없는 허접하던 치기
따가운 눈총에 속이 문드러지는데도
아랑곳없던 알록달록 미운 일곱 살의 유희

마냥 떼쓰고 분잡스럽기만 했는데
더더욱 가슴 깊이 자리하려만 드는 그때
누구의 고집이었을까?
돌이킬 수 없는 꿈일 뿐이라는데도
언뜻언뜻 귀 간질이는 환청으로 다가드는 이 기억들은

담담히, 조금은 관조하는 눈으로 세상을 바라본 우리네 이야기
엄니는 아배를

Part 07

사랑

때론 무슨 큰 비밀 감춘 듯 화들짝 놀라 하지만
늘 새침하니 일렁이지 않는 눈길
하여도 나는 안다,
그건 정을 나타내는 여인만의 몸짓이란 것을

아직은 끝자락을 보내지 않으려 안간힘을 쓰는 희뿌연한 어둠의 수고가 떠오를 태양의 눈부심보다 더 아름다운 새벽의 시간입니다. 이른 아침마다 귀를 간질이며 부지런히 창을 두드리는 새들이 아직은 깨어나지 않은, 사위는 호젓한 정적을 깔고 있습니다.

사랑은 잠을 빼앗아 가나 봅니다.

밤을 새워 끙끙대어도 가슴 어느 구석의 무엇이 이다지도 머리를 어지럽히고 심장 깊숙이 쑤셔 박혀 오는 숨 막힘이 무엇인지를 딱히 집어낼 수가 없습니다.

사랑은 마음을 혼미하게 하나 봅니다.

하지만 압니다. 그것이 무엇이든 간에 그리 호락호락 저를 이 혼돈으로부터 떠나게 허락하지는 않으리라는 것을.

사랑은 한참을 앓아야 하나 봅니다.

그리고 또 알고 있답니다. 그건 어느 바깥에서 비롯된 아픔이나 거스름이 아니라 먼 옛 시간부터 내 안에 자리하여 왔지만 꺼내어 쓸 바 없었던 아니, 몰랐던 지독한 목마름이 이제 새삼 나를 세차게 흔들어 대는 마음의 열병에서 비롯된 것임을.

사랑은 앓기를 스스로 소원하는 것인가 봅니다.

그렇습니다. 그것이 숨기지 못하는, 고이는 우리네의 사랑이랍니다. 그것이 홀로이 외쳐대는 것이라서 안달을 치거나 저만큼 높이 있기에 애태워 하는 것이 아니라 그 사랑이 메아리조차 없이 허공으로 사라진대도, 부적절하다 나무람을 받더라도 그건 우리가 가질 수 있는 나만의 행복한 가슴이라는 것과 아무도 그 마음을 부정하거나 막지는 못할 것이니까요.

사랑은 혼자만의 그림일 수 있고 숨겨 두고 싶은 시일 수도 있나 봅니다.

이 혼돈스런 숨 막힘은 아마도 욕심 탓일 게라 싶습니다. 좀더 솔직하자면, 온 마음과 몸을 차지하고 들어앉아 있어 아무것도 할 수가 없고 손에 잡을 수가 없다는 것입니다. 벅찬 가슴이라도 일상은 해야 하기에 머리 흔들고, 손 내저으며 아무리 떨쳐 내려 버둥대어도 헤어날 수가 없답니다.

사랑은 바람에 구속되는 것인가 봅니다.

열병에 들었나 봅니다. 열이 들끓고 모든 것이 허허로운 시방이지만 그저 좋기만 하답니다. 미치도록 뜨거운 가슴을 가지게 하는 님이 있어 좋고 여태 몰랐던 그 가슴을 찾게 되어 좋답니다.

사랑은 약간은 미쳐 버리는 것인가 봅니다.

가슴을 앓아 봐야

편할까 떨치고 돌아섰더니
아프고 너무 아파서

이제 돌린 고개마저 피해
심장을 후벼 파는 너를
정작 무어라 해야 하느냐?

냄새가 코를 찌르는 삼류극장을 채우는
신파라는 극중 인물이 되고자 하면
그때서야 사랑이었다 얘기해 주려나

미어져 찢어지는 가슴이라면서
두고 두어도 드러내지 못하는 속을

그 배우는 어떻게 연기해 낼 수 있으려나?

그런데도

보지 않아도 눈에 선한데
자다가
커피를 마시다가
일을 하다가도 언제나
그런데도 마음은 그에게만 가 있다면

함께 하지 않아도 같이 있는데
길을 걸어도
욕실에서도
차를 타고 있어도 어디든지
그런데도 곁에 못 두어 안달이 난다면

어디에나 그미가 있는데
하늘에
나무 위에나
바람 속에나 늘상
그런데도 눈에 새기려 또 보고 싶다면

그대, 사랑에 빠진 게다

기방妓房 유혹誘惑

바람이 달을 희롱하다가 꽃의 노래를 듣고 있다

잠시 날개를 접은 새가
빈 잔에 자리 튼 달을 시샘하며 네 향香에 취하려나
시정詩情으로 추임새를 놓고 있다

바람이 자면 저 달을 안아 보고 싶어라

춘정春情에 꽃피어 나비 날거든
버선발로 댓돌 아래 내달아 맞으려마

네 정인情人에게 치마폭을 펼치래라
술잔에 빠진 달을 건져 정표情標로 주마

바람 끝에 향기 묻어나며는
창틀에 시간 자락 걸어 달빛 가리고
침 묻힌 문구멍으로 운우雲雨를 안자꾸나

치마끈을 이리 다오
엿들은 사랑 실어 내빼려는 구름을 잡아 묶게
속적삼 벗었거든 문밖에 던져 줘라
아랫말 떠꺼머리 네 살내라도 맡고 가게

야조夜鳥가 달무리 안고 나래 깃을 펼치며 날아든다
바람이 정情을 마시고는 향 짙은 꽃잎을 띄우고 있다

술 속에 달이 차오르고 주객酒客은 여인을 품었다
이제부터라도 노래하는 새가 되려나

카페 여인

보채지 말게나 언젠가 그저 줄 테니
여인의 웃음이 술잔을 돌아서 나를 핥고 있다

그렇게 만나 웃어도
반기우고 싶을 때에
네 있을 곳이 비워지고
가슴 안으로 고여 드는 저림이 멈춰지지 않는 것은

모양은 달라도 그네들 또한
무거워 지친 걸음 끝에
꽃향으로나마 빈 마음을 채우려는 탓인 것을

당신, 아름다운 사람이여
헛헛한 바람이사 날아 나는 새에게나 던져 주고
여기서라도 우리, 잠시
정인情人으로 나누며 기쁨을 토하자꾸나

꽃과 나비

서로 알지 못하던 때에는 두근거리지 않았다면서
연분에 비로소 가슴 뜨거워지고
나비 날고 꽃 피었노라 떼쓰지 말라

때 이르게 팔랑팔랑 떠난대서
그늘 드리우고 동산은 온통 비워진다지만
너 나 여즉 아름다울 것이어서
추억을 아파해야 할 까닭은 애초에 없었다

들녘 먼 곳으로 하얗게 흩날려도
어디든 네 가슴 머무는 곳에서
처음처럼 꽃 피어나고 나비되어 날으리라

해바라기

바라보면 못 본 척 얼굴 돌리고 있다가도
이따금 맞닥뜨리면 낯 붉히며 웃어 주는 여인

때론 무슨 큰 비밀 감춘 듯 화들짝 놀라 하지만
늘 새침하니 일렁이지 않는 눈길

하여도 나는 안다
그건 정을 나타내는 여인만의 몸짓이란 것을

정작은 애타는데 짐짓 표정 접어 버린다
그러면 그 여인, 속 내비칠까 하여

빤한데도 가슴 한구석 호기심이 나고
그래서 또 숨어 보러 가고

내가 여인에게 마음 앗겼나 보다

달래나 보지

여인이 나타나 헤픈 웃음을 흘렸다

정 여린 사내가 한눈에 반해서는
사과 한 알 주운 꿈을 천생연분 선몽이었다 떼쓰며
홑마음에 원앙을 새기고 있었다

가지째 꺾어 온 꽃을 화병 가득 꽂으며
하얀 드레스를 입혀 달아날 궁리를 하고
눈부신 사랑을 앉힐 의자를 만들고

온갖 그림이 머릿골에 땀을 삐질대게 하였더니

달빛이 하늘을 가득 채우던 날
영문 모르는 여인은 그리운 그림자를 찾아 가려렸고

난데없이
개꿈은 삼신할미도 꾸는가?
달래기나 해볼걸…

김칫국을 토해 내며 사내는 애꿎은 달을 부수고 있다

밤송이

바람에게 헤픈 웃음을 날리다가
벌떼랑 살 부비고 잉태되어서는
여름 뜨거운 햇살을 한 몸에 지닌 채
으시럭거리며 배 불리더니

어느 새벽에게
투둑, 제 알톨을 털어 주고는
꺼뭇꺼뭇 말라 비틀리는 빈 밤까시

온몸에 까탈스레 떠꺼머리 용심만 치세울 뿐
아무짝 쓸모가 없어

밑동 썩어 가는 고목 곁에서도 밀려 나와
돌담 구석으로
겨우 쭈그리고 앉았더니

하얀 겨울 아침
소여물 끓는 아궁이 속에서
빠알갛게 바직대며 타오르고 있고

'앗 따가워, 이놈의 밤까신 불 때기도 어렵네'
괜스런 내 손가락에 정情을 심으려 한다

변신

소녀는 동생 방귀 냄새가 더럽다 코를 싸잡더니
기저귀 가는 엄마가 되어서는 아기 똥을 킁킁거리며
토실한 엉덩이를 토닥거립니다

우유병을 빨아 보며 먹일 온기를 맞추는 게
불결하다 핀잔이던 새댁이 편찮으신 노할머니께
밥을 씹어 드리는 며느리가 되고 있습니다

이빨 쑤시는 게 추잡해 첫사랑을 외면했던 처녀가
남편 이빨 새에 끼인 고춧가루를 파주며
빙긋대는 아줌마가 되었습니다

입맞춤조차 더럽다 새침대던 여인은
슬쩍 할아범 틀니를 끼고
김치를 맛나게 먹는 할멈이 되었습니다

미루나무 등걸에 벗어 놓은 허물이 여태 꿋꿋한데
매미는 온 마을을 씨렁대며 울리고
사당엔 새로이 위패 하나가 모셔집니다

붕어빵

아이가 바깥에서 검둥개가 되어 들어오면

까막손 니손 두껍손에 씻을 손
까마귀가 할배요 하겠네
까막발 니발 거랑발에 씻을 발
까마귀가 할배요 하겠어
까막목 니목 먹물에도 씻길 목
까마귀야 니 할배 여 있네
예쁘게 깨끗이 공들여 닦아 준다

거울 속에 붕어빵이 방긋 웃고 있다

뻔한 걸, 늘

괜찮냐?
저야, 뭘! 괜찮으세요?
마음 쓰여 묻는 엄니나
마음 쓸까 숨기는 자식이나
항상 모자라는 정이 아쉽지만
전화마저
자식은 늘 받기만 한다

나, 사랑해?
당연한 걸 뭘 물어?
듣지 못해 안달하는 그미나
표현이 거북스런 그나
누구라 더 사랑한다면서
그미는
그의 한마디가 늘 아쉽다

정말이야?
그러엄! 내가 당신을 속일까?
미심쩍어 하는 여보나

속일 수밖에 없는 자기나
누구 못지않은 여우와 늑댄데
철없는 여보는
큰 애에게 늘 이번만 봐준다고 한다

상사병

처음에
그는 그저 여러 표정들 사이에서
하나의 낯섦으로 섞여 있었을 뿐이었다
아니, 다른 모양새로 인해 낯을 가리워야 했다
게다가 그는
촉수엄금의 절대권을 자랑스레 내걸고 있지 않았던가?

한데, 안으로 맑은 물소리가 나기 시작했다
촛불을 밝히려나 했더니 거센 불길로 타오르고 있었다
열꽃이 피나 했더니 신열이 심장을 태우기 시작했다
좁아 터졌노라던 가슴이 천 길로 넓어지고
흐릿하던 시력이 감아도 생생했다

심중의 기미조차도 느끼지 않은 채
글쎄, 느껴지지 않았는지
눈높이를 전혀 의식하지 않는 그는
이중삼중 철조망이 쳐진 통제구역 안에 서 있었다

상처를 내고 싶다
저 철조망에 화락 찢기고 싶다
이대로 온몸이 타버렸으면 싶다

들여다보던 거울을 깨부수고
고갯짓을 치며 얼굴을 가려 보려지만
곡예는 언제고 막을 올려야 하고
사랑 속내는 속앓이를 멈추지 못할 게다

따가운 시선들을 헤아리며
스스로 갇혀든 위선을 마냥 보고만 있을 수는 없다
깊게 구덩이를 파고 들어 앉기 전에
찢기운 상처로 바투 숨을 몰아쉬며 죽어 간더도
사랑은 막아서는 게 아니라고 들려주어야 한다, 서둘러

고이는 속내가
깨부서져 비명을 지르고
비웃음 속에 쓴 신음을 토하더라도
이 열병을 고치려 하지는 말아다오
이것은 영원히 나만이 갖는 행복이 되려니

정분

마음을 두었다
심어 싹 나고 열매 맺히기를 소원하고 있으니

강물도 바람도
날아오르는 새의 날갯짓 소리도
따로이 담아 둘 안이 없다

던져 둔 곳이야 콩밭일망정
너와 나
밀밭에서 나왔으면 좋겠다

그때는
강물 위로 바람 스치고 새들에 놀리워
뾰롱뾰롱

얼굴 빨개져도
가슴 가득 연꽃 또한 붉어 있으리라

상처

이미 들킨 지 오래인데
빗장 걸어 잠그고 숨어 있는 것은
맞은 마음들이 오히려 기다림만 못하던
기억에서 놓여나지 못한 탓입니다
온몸으로 용틀임치는 말을 가둔 채
입 다물고 고개 젓는 것은
행여 오지 않을지도 모르는 가슴에
아픔 새길까 두려운 까닭입니다
천지를 진동시키며 피멍 드는 가슴이 될지라도
문 박차고 내달아 잡고 싶지만
짐짓 뒷짐 지고 눈길 피하는 것은
다시 떠나야 하는 훗날
아쉬움에 마음 다치게 할까 염려하기 때문입니다
아픔에서 풀려나
갈라진 정이 모아지고 생채기 난 마음이 아물기를
가슴 끌어안아 기도하고
부둥켜안아 맞을 속에 설레어 부풀리지만
속내는
부르트는 입술로 문구멍만 닳고
뜨락 그늘엔 여태 한숨이 눌러앉아 있습니다

외출

여태 수줍게 웃음을 아끼는 여인은
달팽이 춤사위에 한껏 멋을 담으며 널러울거리다가
바람의 부추김에 덩달아 날갯짓을 치는 새가 되었다

새삼스레 유리벽을 허물어 내고
가진 것들을 내동댕이치며
여태 기억 끝에서 달랑대는 바깥 세상에 나서서

늑대의 울음을 그리는 아이에게는
하얀 이빨을 보이지 않았으면 싶다는 꿈을 꾸고
저를 부수려
유혹을 기다리고 있는 자세를 취했지만

날개를 팔랑대는 피에로 흉내에 지나지 않고
물들지 못해 안쓰런 춤꾼이 비명을 지르는데도
그조차 영문 몰라 하며
짧은 잠을 빠져나와 제 살던 자리로 돌아든다

하여도 여인이었기에 춤을 담고 모여선
관객을 휘둘러 저 안을 사를 수는 없었을까?

때로 유혹을 동경하는 것으로 아름다웁고
손 내밀어
꿈을 그립게 하고 있다

자목련

누가 벗긴 것인가?
아직은 찬 기운이 아리는데

하얀 속살 아래 수줍게 홍조를 띠우고는
다소곳 비켜 앉은 허리가 부시도록 예쁘다

얼핏설핏 뭇 눈길에도 빳빳이 고개 세우고 있지만
파리한 입술은 아지랑이 입맞춤을 그리고
살랑이는 바람에 나부끼고 싶지나 않은지…

저 봄에 마음 둘러 보쌈이라도 할까
훔치란 듯 내비치는 네 속곳 속으로 덥석 안겨 들까

시란 놈이 너무 교활하여

똑같이 하루를 살면서 남달리 색다르고 싶은
생리작용에도 말을 가리려는 가식, 바보 멍청이들
차라리 왜 넘치게 인정받고 싶은 것인가를 말하자

사는 게 연극이라면서 이따금은 시가 되어야 한다고
리허설이 있는 것은 마찬가지라지만
지나는 객들의 이해 또한 같은 것이라지만
떠나면 그뿐인 님보다는
씻겨 보듬을 수 있다면 바람난 애인인들 어떠냐고

그래, 왜 시는 바람피울 때 좋다는 것이냐?

멍청스럽기는…

그리밖에는 알지 못하는 주제니
뭣을 얘기한들 알까?!

그래도 쓰고 싶다면
나랑이라도 연애할래?

연애쟁이

왜 그녀 앞에 서면 답답해지고 어지럽게 열나?
난 환자가 아닌데
생각만 한다고 사랑이 올까, 말이라도 건네야지
사랑은 대쉬하는 거야

왜 그녀가 미소 지으면 가슴이 뛰고 쫄까?
난 잘못한 게 없는데
가슴만 졸인다고 사랑이 되나, 웃음이라도 던져야지
사랑은 부끄런 게 아니야

왜 그녀가 다가오면 몸이 숙고 끌리나?
난 자석이 아닌데
끌린다고 사랑이 붙나, 따라가 잡아야지
사랑은 밀당인 거야

왜 그녀를 생각만 해도 또렷이 그려질까?
난 화가가 아닌데
그린다고 사랑이 이뤄지나, 찍어 새겨야지
사랑은 표현이야

왜 그녀가 말을 걸면 머리가 휑 비고 멍해지나?
난 바보가 아닌데
바보가 두려워서야 사랑을 이룰까, 싸안고 볼 일이지
사랑은 용자 거라니깐

적금

평생을 쳇바퀴 돌아야 하나는 당신을 두고
든든한 적금이 불어나고 있는데 뭔 걱정이냐던
엄니를 알지 못했습니다

맨날 제자리걸음이라는 당신을 두고
천리 앞에 자식들을 세워 놓고 뭐가 부럽냐던
엄니가 여즉 이상했습니다

마켓에 들렀다가
내 건 하나도 산 게 없네, 농치는 아내를 두고
내 건 뭐가 있나? 불만을 토하다가

나는 지금사
당신을 알았고 엄니의 의문을 풀었지만
내 나이 적 아이들은 또 뭔가를 내놓으랍니다

어떻게든 멀리 달음박질을 쳐서
애오라지 당신들만을 위한
작은 적금 하나라도 들어야겠다는데

높으신 연세에 만기가 채워질까 걱정하는 아내가
왜 고마우면서 미운지요